大江戸魔方陣

徳川三百年を護った風水の謎

加門七海

朝日文庫

本書は一九九七年に河出文庫より刊行されたものに、加筆、修正をしました。

大江戸魔方陣　○目次

大江戸魔方陣——75

大江戸魔方陣

徳川三百年を護った風水の謎

前書き

■東京に住む人、東京を愛する人達へ——

「江戸は呪術《じゆじゆつ》都市である」

今まで多くの先達がそういい、仕掛を解き明かしてきた。

江戸は四神相応《ししんそうおう》の地であり、浅草寺《せんそうじ》あるいは寛永寺《かんえいじ》を江戸城の鬼門守護《きもんしゆご》として、幕府の安泰を図ったのだ、と。では、

「東京は呪術都市であるのか」

幕府はなくなり、川は埋められ、朱雀《すざく》たる海の遠のいた今、この地は前時代的な呪的装置のいっさいを手放してしまっているのだろうか。東京は真に合理的かつ無機質な「モノ」のみの集合体により、成立している都市なのだろうか。

私はそうは思わない。

神社がいまだ鳥居を掲げ、つい最近人間になったばっかりの天皇を中心に据えるこの東京が、呪術とは無関係のまっさらな「近代都市」であるはずがない。

東京も、呪術都市なのだ。

ここで突然断定すれば、笑いだす人もいるであろう。この近代都市が呪術など考慮しているわけがない——。

確かに見渡す視界の中に、それらしきものは見えてこない。林立するビルの様子は無機質かつ無表情。合理性のみを優先させた機能美を誇るように思える。

しかし私は東京及び近県をこまめに自分の足で歩いて、ここ東京こそ呪術によって完璧に護《まも》られた城塞なのだと、確信するに至ったのである。

社寺も道路も鉄道も、すべてが東京を呪術の上で護り、あるいは変容させる闇の顔をもっている。そ知らぬ顔で光の中に立つかのごときビル群の中、数々のオカルティックな仕掛は今現在も息づいて、この地を強力に守護しているのだ。

それは千年以上も前から、武蔵野の治世者によって受け継がれてきた、精密で、残酷な呪術システムだ。

いま、日本で一般に認知されている風水とは、家相といった個人単位の小さな視点のものが主流だ。だが本来の風水はもっとダイナミックかつ繊細な、風土学・霊的地理術ともいうべきものなのである。

風水とは、その名のとおり風を観、水を計り、大地の気勢を窺って、その上で我々人間が如何《いか》に生きるべきかを考える、哲学というべきものなのだ。そしてそれを実際に人間社会に生かすにあたって、呪術・占術という方法が選択されたのである。

天と地の中から人間が、吉という宝を探り出す術――それが「術」としての風水だ。

実は、日本にもそんな真実の「風水術」は生きている。

私はそれを確信したのだ。

そして日本独自というべき、新しい呪術をも見いだした。

それは神仏統括のプログラムであり、あまりにも日本的な人工美・厳格な美意識をもった呪術であった。

大陸渡りの風水は天地の意に適《かな》うよう、人間を配置するのが鉄則だった。だが私が見た日本の呪術は、人の意志そのものが、天と地に比されて並べ置かれる、天人地の風水術だった。

そう、見いだされた新たな呪術は、人が神仏を管理する――神をも操る風水だったのである。

人は神を敬わない。人間が神を神とするのだ。

私はそれを知ってしまった。

江戸以前の為政者は独自の理論で、この土地に結界を張り、聖地たらしめた。

徳川幕府はそれを利用し、武蔵野に王都を築いていった。

そして近代東京政府はそれらを看破した上で、新たな呪術でここの地霊をてなずけようと企てている……。

明治以降の政府の筋は合理主義とはほど遠い、呪術をもって武蔵野を治める巫《かんなぎ》集団だった。文明開化の裏側で彼らが行っていたことは、新しい結界を施すことと、武蔵野の為政者の霊蹟を絶つ、一種のジェノサイドであったのだ。

それを私は垣間見た。そして「事実」をこの本でバラすことをも決意した。

楽屋を明かせば、元々これは、しごく私的で暇に飽かせた東京お遍路《へんろ》行脚《あんぎや》であった。カメラと趣味の御朱印帳を片手に携え、ぶらぶらとお手軽に神社を巡って歩く……。それがこんなにも恐ろしい予想外の内容になったのは、私の独創というよりは、山のような偶然と度重なるシンクロニシティの結果だ。

「こんなはずでは」といった台詞《せりふ》を私は何度も口にした。だがやめたいと思いながらも東京中を歩いてまわり、それのみか結果を公にすることまでをも決心したのは、もたらされた事実が私にとって、あまりにもショッキングで、ひとりでは抱え込みきれなかったせいである。

調べが進んでいくにつれ、私は一種切迫した緊張にこづきまわされた。

「早く、気づいてもらわなければ」と思う半面、「こんなこと、バラしてしまっていいのだろうか」といった不安にも、また襲われる。

たかが本の一、二冊でと思われるかも知れないが、私にとってこの内容はまさにオカルトそのものだった。

新聞の社会面を注意して見るようになったのも、この頃からだ。

もしも天災やバカな暴徒が重要ポイントを破壊して、東京の結界が崩れたら——、私は最後の審判が下る日を覚悟しなくちゃならない。

笑ってもいい。私はそれを本当に恐怖しているのである。

そしてそれ以上に、現在の政府がすべてを承知の上で、結界を破壊するときが来るのではないかと慄《おのの》くのである。

本を書いたのはその日を知らずに、武蔵野とそこに住む人が残骸となり、幽霊となるのを見たくなかったからだ。

少なくともこれを真実と読んで下さる方々に、気づいたことを伝えておきたい。私はそう思っている。

しかしながら故あって、本は江戸編と東京編のふたつに分けることにした。

『大江戸魔方陣』では明治以前、江戸に繰り広げられた呪術戦略、呪術師達の抗争をシステムを中心に解くことにした。そして続編『東京魔方陣』では東京にいる地霊の正体、および現代に及ぶ西国の呪的な東夷《あずまえびす》征伐を解き明かしていく予定である。

故あって――と言ったのは、その続編で記す事項が、つらいことに、お気軽な知的遊戯では収まらない内容を含んだ事柄だからだ。特に東京人にとってこれは一面恐ろしく、一面惨《むご》い話となろう。

だからもしも(言葉は悪いが)あなたが臆病な人であり、魔都にもてあそばれる自分を見たくないというのなら、続編は読まない方が賢明であると忠告しておく。

いにしえの美しい呪術のなかで遊ぶことも悪くはなかろう。

しかしあなたが恐いもの見たさの冒険心をもっているなら、東京編を手にしてみるのもいい。

もちろん作者の私としては双方を読んでいただいて、それなりの覚悟をもって欲しいというのが本音ではあるが……。

その覚悟とは? いうまでもない。

東京を日本の首都にもち続け、東京を首都にもつ日本で、あなたが暮らしていく覚悟――である。

四神相応

結界を捜しだせ

■四神は江戸に存在するか

運命なんて、信じない。

しかしこの言葉の許されない状況というものが、世の中にはある。私は最近、それがわかった。

運命としか言いようのない、出会いというものはあるらしい。そしてそれに捕らわれたなら、好むと好まざるとにかかわらず、人はその流れの中に気づかぬうちにずるずると引き込まれていってしまうのだ。

気づいたときはあとの祭りだ。よくも悪しくも人生は、やり直すことなんかできはしない。

私の場合、その運命は何気ないような一冊の本の間に隠されていた。

――三年ほど前のことになる。

私は江戸について書かれた本を、暇潰しにパラパラとめくっていた。ここ数年じわじわと浸透している江戸ブームは、歴史に疎《うと》い私をもそれなりに感化していたわけだ。

しかし元々、政治がらみの史実よりは民俗学、それよりも怪談やオカルトに興味が向いているタチなので、その本を読んでいるときも、それらしい記事を見つけては喜んでいるありさまだった。

とはいえ、ちょっと専門的な江戸関係の書物に書かれるオカルティックな事柄は、だいたいどれもおんなじである。せいぜい四谷怪談や有名な本所《ほんじょ》七不思議。そして少し範囲を違えたところで江戸の四神相応《ししんそうおう》。私はすでに言い尽くされたそれらの記述を飽きもせず、そのときも繰り返し、読んでいた。要約するとこうだ。

「江戸は中国の五行思想《ごぎょうしそう》を取り入れた四神相応の地だ。四神とは東西南北を司る霊獣のことであり、その霊獣はまた各々が自然形態の象徴となる。つまり東は青龍《せいりゅう》が治め、河川が龍の象徴となる。西は白虎《びゃっこ》で街道を表し、南の朱雀《すざく》は池や海。残った北は玄武《げんぶ》の範囲で、山がそれの象徴となる。

長安を模した平安京も、その理論を取り入れて都の位置を決めたといわれる。江戸も同様、東には青龍となる平川《ひらかわ》が流れ、西に東海道、南に江戸湊《みなと》、北の玄武には麹町《こうじまち》台地から富士を望んだ姿があった」

なるほどね。私は頷《うなず》いた。

すでに知っていることとはいえ、ここの記述は何度読んでもそれなりの興味をそそられる。江戸が霊的な条件に適《かな》った吉祥地だというのは、東京に住む私にとっては、何とも安心なことである。

しかし。私はそのとき突然、記された記述に不満を抱いた。

「平川？　麴町台地？　そんなもの今の東京にすでに残っていないじゃない」

確かに徳川幕府の頃は、それらはあったに違いない。だが現在は川も台地も、埋められ、削られ、存在しない。だとすると四神相応は崩れ、もはや東京は霊的に富貴《ふうき》を約束された土地ではなくなってしまったのでは……？

私は嫌な気持ちになって、書棚に並んだ他の本から同様の記述をひっぱりだした。確か江戸の四神の定義に、若干の相違があったのを記憶していたからである。そしてそれらの本に書かれた異論を書き写してみた。

東・青龍＝平川、あるいは大川（＝隅田川《すみだがわ》）
西・白虎＝東海道
南・朱雀＝江戸湊
北・玄武＝麴町台地。麴町台地から望んだ富士。または駿河台《するがだい》（＝神田山）

MAP 1《江戸四神相応図》

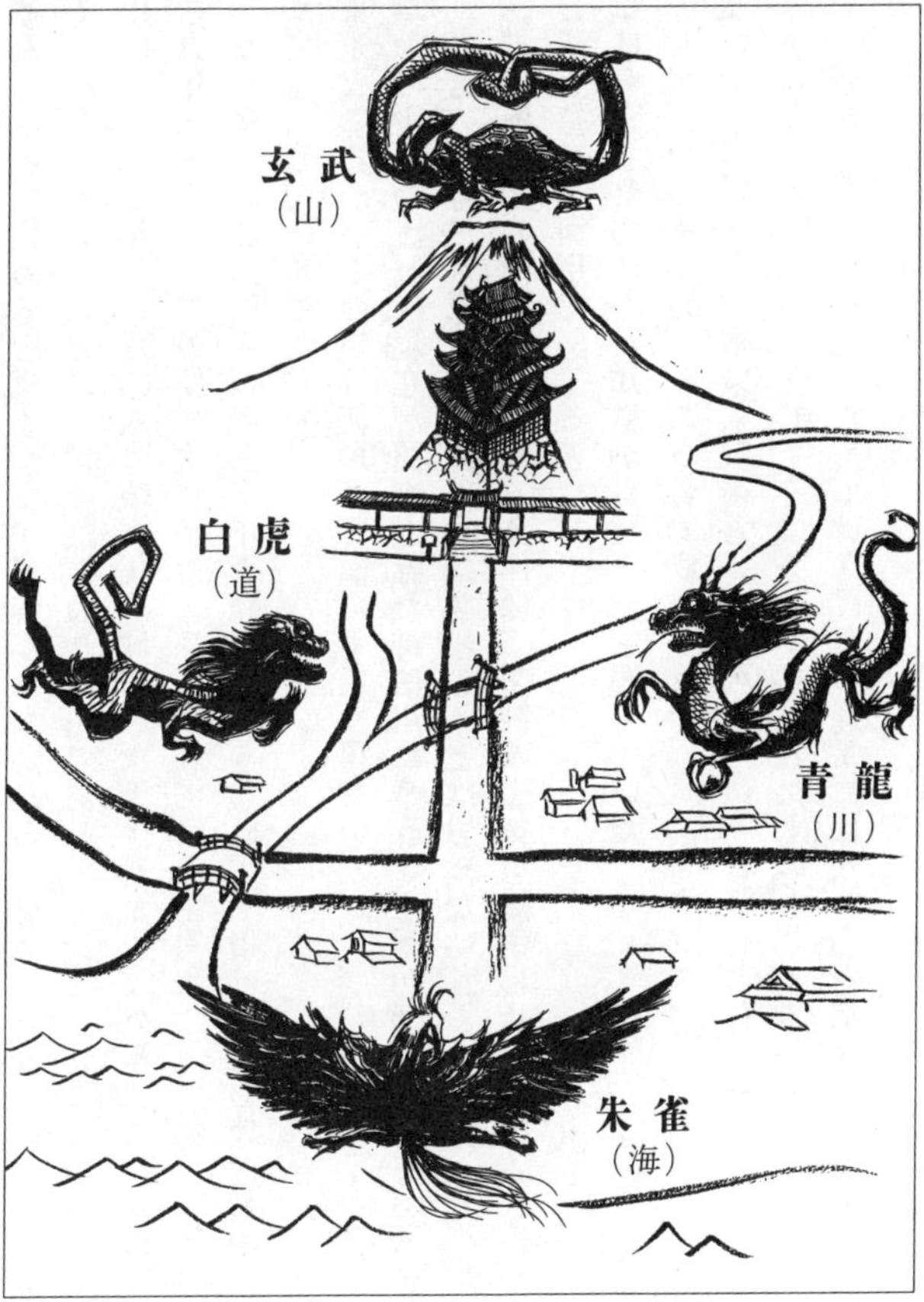

イラスト：藤田和日郎

並んだ地名を眺めると、ますます不満がわきあがる。気に入らないのは東と北だ。

平川がないということは、言ったとおり明白である。それでも念のため調べてみると、平川は慶長《けいちょう》十三年（一六〇八）頃、江戸城第二次天下普請★で、外濠《そとぼり》に流れを取り込まれ、寛永《かんえい》九年（一六三二）の第三次普請で、分断されている。

つまり徳川が江戸に入って三十年も経たないうちに、平川は江戸の地形の中から、すでに姿を消しているのだ。

東京どころか、この川は江戸の青龍にもなり得ていない。

以前の平川の流れは現在、開削《かいさく》された神田川に辛うじて繋がって残っているが、その流れの勢いはとても龍の名を持つにふさわしいとは思えない。

四神相応。その中の青龍である条件は、龍神の霊気を棲まわせるのにふさわしい偉容と景観を持った河川であることだ。

私は今までため込んだ知識から、それを知っていた。

そして江戸の平川は、その条件を満たさない。

私は苛立ってきた。本来、呪術というものは、厳密な条件づけと約束によって、成り立っているものである。そしてその条件から外れたものを認める許容性はない。だからこそ、厳格な条件を満たしたものは尊ばれ、通常にはない力を宿すものだと信じられるのだ。

幕府がもし呪的観点から江戸の地を選んだのならば、少なくとも青龍が機能する条件は知っていたはずだ。それでいながら幕府がみずから、龍を殺すのは不自然だ。

ゆえに江戸初期に埋め殺された平川は、青龍ではありえない。

(じゃあ青龍は隅田川かな)

気を取り直して、私は思った。

この川も徳川時代になって、手を加えられているにはいるが、平川ほどの問題はない。

しかしこれも現在の川の勢いから見ると、荒川に及ばないのが事実だ。しかも隅田川は途中から荒川に合流——正しく言うなら、現隅田川は荒川の支流ともいうべき存在で、都を護《まも》る龍に擬すには力量不足の感がある。ほかの河川に負けるようでは、青龍としては失格だ。

では、現在の東京に青龍は存在しないのか?

不安が募るが、その気味悪さは玄武についても同様だった。

江戸における北の守護神・玄武は駿河台、麴町など。あるいはその台地から富士を望

★江戸城天下普請［えどじょうてんかふしん］　江戸城改築の呼称。江戸城の改築は全国の大名に「御手伝普請」の号令をかけて割当を決め、手伝わせることで実行された。改築は慶長九年（一六〇四）から十数回に分けて、断続的に行われた。主な大工事は寛永十三、四年（一六三六、三七）で終了したが、後の明暦の大火によって灰燼に帰し、江戸城は設計方針を改めて、建て直されることになる。

んだ姿だという。しかしこれもよく考えれば、無茶苦茶ともいうべき理屈である。駿河台にしろ麹町にしろ平川同様、江戸が機能し始めてすぐ、削り取られてしまった土地だ。そして富士はどうみても、江戸から測って西南西の方向に位置する山である。それは麹町から測ったところで、もちろん変化することはない。

私は世間に膾炙《かいしゃ》しているこの四神相応の根本資料が何なのか、寡聞にしていまだ知らない。その理由づけの不明なところで論を述べることに危険はあるが、こうやって改めて見てみると、資料の作者は江戸北方に適当な山がないのに苦慮し、なかば強引な推理をもって富士＝玄武論をこじつけたようにも思われてくる。

確かに、富士は美しく、魅力的な山である。ことに江戸時代はこの山を霊山として崇《あが》め祭った富士信仰が盛んな時代だ。江戸を守護する役割に富士を当てたい気持ちはわかる。

しかし前述したように、呪術は厳密なものである。

呪術にこだわらなくたっていい。どんな理論や作法でも、一定の法則から外れたものは、その理論の範囲の中に認められないのが常識だ。それはアクセントひとつの変化で、意味まで変化する言葉と同じだ。

玄武が玄武たる条件はあくまで「中心から見た北の山」であり「中心外から見た南西

寄りの山」であることはないのである。

したがって、富士も玄武を宿す山であるとは思えない。

残ったのは朱雀と白虎だ。この二点に関しては、象徴的な意味からは、差し当たり唱えるべき異議はない。だが念のために開いた本には――、

「駿河台・本郷台地から江戸城が俯瞰《ふかん》できたため、幕府は防衛上の点から山を崩して、江戸湊の埋め立てに土を再利用した」

こんなことが書かれてあった。

南の霊地に北方の霊を投げ込んで埋めるだなんて、信じられないことである。これでは四神の象徴がシャッフルされていることになる。

幕府が呪術を知っていたなら、そんな掟破りな真似をみずから進んでするはずはない。

(これはいったい、どういうことだ!?)

私は頭がクラクラしてきた。江戸の四神がこんなに雑に扱われていいはずがない。だがしかし、これが事実であるなら、考えられる理屈はひとつ――。

徳川は呪術など知らず、実利一辺倒で江戸の地に幕府を開いたということだ。そして江戸は、呪的環境の整った土地ではないということだ。

導きだされた結果を思えば、そう思うのが適当だろう。しかし私は自分で出した結果に承伏できないでいた。

何故なら、伝説は何らかの真実を含んでいるというのが、私の持論のひとつだからだ。ことに四百年以上、江戸が四神相応の土地として認められてきたなら、その年輪の分だけの重い事実がその裏に隠されていてしかるべきである。

東には青龍の川があり、北には玄武の山がある。そう言われ続けたこの土地の、どこかに別の真実が隠れているのではないか。

「答えを見つけださなくちゃ」

私は言うと、本をしまった。このままでは私は二度と、江戸が四神相応の土地であるとは口に出せない。それに自分の立っている土台も知らず、ノホホンと平気で笑っているほどに、私は剛胆なタチではないのだ。

「これじゃあ、おちおち東京に住んでなんかいられないよ」

——江戸は四神相応の地だ。私はそれをもう一度、己《おのれ》の口から言いたいがため、東京の地図を取りだして、じっくり眺めてみることにした。

■東の龍はどこにいる

思えば、その疑問こそ、長い旅の始まりだった。

だがこの話を進める前に、どうして私がこんなにも四神相応にこだわりを持つのか、少し話してみたいと思う。

四神相応は近ごろ流行りの風水★理論の一端だ。現在の中国風水術では様子が変わっているらしく、あまり出てこない言葉だが、日本（ことに本州）においては、この条件が揃った土地は吉意が強いとされている。

つまり四神の整った地に、都を構えれば繁栄が約束されるというわけなのだが、私はそれを結界の一種であると思っているのだ。

四つの霊獣が囲んだ土地が霊地であるというのなら、東西南北の自然象徴は、霊地を護《まも》る城壁と同様の働きを持つといえよう。そしてそれが崩れた場合、その地に何らかの凶兆が流れ込み、土地を汚すというなら、四神はオカルティズムでいう「結界」と、全く同じ機能を持っているということになる。

結界は土地を聖別し、守護する重大な働きを持つ。神社で見かける注連縄《しめなわ》などは、わかりやすい例だろう。

★風水［ふうすい］道教思想を根本においた実践環境地理学。または地理呪術のこと。アジアを中心に活用され、現在は香港において盛ん。ついで台湾、中国大陸においても風水は復活の兆しを見せている。日本においては、沖縄がその影響下にある。本土でも家相等に活用されたが、本来の風水がもっている都市計画的な大きな視野は、表だっては出てこない。

御神木《ごしんぼく》に注連縄が巻かれているのを見かけるが、その意味は特定された木を他の木々から区別して、霊性を保護することにある。あるいは逆の例として、殺生石《せっしょうせき》など、凶々《まがまが》しいものを封じるために注連《しめ》が張られることもある。

目的こそ正反対だが、その意味はどちらも同様だ。あるものを区別し、分かたれたふたつを保護することにあるのだ。

そうやって両者の特性を互いに護《まも》るということは、別に上下のランクを定めて、差別をするためではない。気質の異なるふたつのものを接触させては互いにとってよくないというのが、その真実だ。

神の世界は神の世界。人の世界は人の世界。

もっとわかりやすく言うなら、地面に置いた水の器を壊せば水は流れだし、濁り、土も泥となり、両方ともに被害を受ける——。くどくなったが、そういうことだ。

江戸の四神相応が崩れ去るということは、東京の土地のみならず、近辺までをも巻き込んで、すべてを泥土に変える危険をもたらすということなのだ。

しかし。実際の江戸・東京は私の危惧をよそにして、ある種、独特の特性を保っているかのように思える。しかもこの場合の特性は、明らかに繁栄をもたらすものだ。

その原因が伝来どおり、四神相応の名をもった吉意を約する壁にあるなら、四神はいまだ壁の機能をどこかに有しているはずだ。そうでないのなら、四神の他に見えない結界がなくてはおかしい。

私はそう思ったゆえに、四神にこだわり、その謎を解いてみたいと思ったのである。


すっかり前置きが長くなったが、次に本題に取りかかる。

江戸・東京の中心はいうまでもなく、今の皇居だ。異議を唱える人もあろうが、日本がどんな形であるにしろ、天皇という王を戴いた王国であり続ける以上、日本の中心は皇城のある東京であり、東京の中心は皇居に据えられる。

私は別に右翼じゃないが、東京におけるオカルティックな象徴を考えていった場合は、やはり皇居を一番重要なポイントとして見ざるをえない。

その皇居から四神を捜すと、青龍に相当する川は、やはり隅田川か荒川しかない。平川はすでに消滅している。そして前述のように今現在、隅田川が荒川の支流となっており、荒川の勢いが勝っているなら、青龍の宿っている川は荒川だということになる。

青龍の川は荒川だ。——そう言いきってもいいのだが、しかし私はまたしても、それを鵜《う》呑《の》みにすることに引っかかりを覚えたのである。

川が青龍となる条件は、勢いの有無ばかりじゃない。風水における良い河川とは、流れが一本調子ではなく、蛇行しているものをいうのだ。

ふたつの河川を比べた場合、その条件に適っているのは隅田川の方である。しかもここで言っている荒川は荒川放水路であり、これは後代に人工的に開削《かいさく》された人工河川だ。

東京を護る結界が、人工物であってもいいのか——私は疑問を感じるのである。

確かに凶相をもつ土地に人工的な処置を施し、凶を吉に変えるというのは風水における方法のひとつだ。しかし皇居すなわち江戸城が、この地に場所を決めたのは、この地がすでに四神相応の相をもっていたからなのだと、伝説の上では記されている。

その青龍（平川か隅田川かは措《お》くとして）の力を無視して、安易に龍を人工の河川に転換してもいいのか。それで青龍の効力は、十分発揮できるのだろうか。

（たとえ現在の河川の力は荒川が最強だとしても、そう簡単に呪的効果の転換はなされないはずだ）

私はそう考えた。

呪術《じゅじゅつ》で規定されたものより強いものが現れたなら、呪力は転換される以前に、まずマイナスの様相を帯びる。

つまり隅田川を青龍の結界であるとした場合、荒川放水路の出現により、東京の結界は敗北という凶相を示すことになるのだ。

東京における呪的作業を信じていない人にとっては、まことにバカバカしい話だが、そのバカバカしいことを信じている私にとってはゆゆしき話だ。

そしてそれのみか、現在も東京に帝都を護る呪術者がいることをも信じる私にとって、この青龍の破綻こそ、信じられない——絶対にあってはならないことだった。

（青龍がないというのなら、まだしも納得できるのに。隅田川を敗北させて、荒川を優先させるだなんて……。そんなことを東京の呪術師が許すはずはない）

確信半分、願望半分、私は荒川放水路について、百科事典をひっくり返した。

調べによると、荒川という名の自然河川は、関東山地の主峰甲武信岳《こぶしだけ》に源を発する長さ一七四キロの河川。荒川放水路は下流での水害を防止するために、北区岩淵《いわぶち》から明治四十三年（一九一〇）に開削をして造られた水路で、完成は大正十三年（一九二四）。現在は岩淵水門の下流を隅田川と呼ぶとある。

放水路ができる以前は、隅田川と荒川は一本の流れの川だった。それを大川と言い、青龍と規定していたのなら、江戸時代には青龍の破綻はなかったということになる。しかし以前はどうであれ、やはり現在、隅田川は荒川の支流という存在だ。

私は東京都地図を広げて、ふてぶてしいとすらいえる荒川放水路の威容を見つめた。

（この荒川が現在の青龍の役を果たしているなら、どこかに青龍の「気」を移す工作がなされていなくちゃおかしい）

そしてそれがあるとしたなら、川の流れがふたつに分かれた岩淵にあるはずである。

東京の北にある岩淵の水門に私は視線を移した。隅田川はそこを起点に、東に流れる荒川・中川・江戸川等の一番内側を蛇行している。

（ナルホド。皇居に一番近い河川であるゆえ、隅田川を青龍と見立てるっていうこともできるか……）

私はそれを見て一瞬、都合のいい解釈をした。が、ふと岩淵の水門近く、地図の上にひとつのマークが記されているのを見いだした。

神社を示す鳥居のマークだ。

別に珍しいものではないが、調べているモノがモノだけに、私は宗教的な匂いを持つものに過敏になっていた。意味があるとは思わなかったが、暗中模索の気休めに鳥居マークにマルをする。

隅田川の下流に向かっても、他にめぼしいものはない。

ところが、である。視点を移し、荒川を見つめた私の視界に再び神社の鳥居のマークが飛び込んできたのであった。

今度は中川と荒川を結ぶ、中川支流沿いの神社だ。加えて中川と江戸川の合流点、瑞《みず》穂《ほ》大橋の近く。そして現在は埋め立てられて河川としては繋がらないが、中川と江戸川のふたつを結んだ大場川の中間点にも、意味ありげに鳥居のマークが存在するのを見つけたのである。

（おいおい。川の分岐点に神社が並んでいるっていうのか!?）

私はギョッとしながらも一応の平静を装って、川沿いに並んだ各々の神社を調べてみることにした。

　東京全体にいったいいくつ神社があるかは知らないが、その中の二、三個が偶然に興味を抱いた対象に接触していたからっていっても、大騒ぎするには値しない。しかし、それらが何らかの共通点を持っていたなら……。

　暇があるのをいいことに、私は地図にマークをつけた神社を訪れてみることにした。

■現れた結界

　北区岩淵の水門近く。志茂《しも》四丁目という場所に、目当ての神社は佇《たたず》んでいた。社は新しいものであったが、社殿へのエントランスが明るく、緑も多く心地よい。あのそっけなかった地図のマークが、こんなにも美しい景観を携えて現れるなんて、なんだか新鮮な驚きである。

「熊野神社か」

　鳥居にかかった額から名前を読み取って、私は脇に立てられた由緒書に視線を移した。

　祭神は、伊弉諾命《いざなぎのみこと》に伊弉冉命《いざなみのみこと》。それに事解之男命《ことさかのおのみこと》である。

　案内によるとここの神社は正和《しょうわ》元年（一三一二）に紀州の熊野三山から遥々勧請《かんじょう》され

た神社で、境内には他に、改めて事解之男命を祭った飛鳥神社、水神・水波之女《みずはのめ》を祭った水神社、速玉《はやたま》神社等がある。

川近くにある神社ゆえ、水神を祭ってあるのであろう。しかし事解之男命というのは、何の神様なのであろうか。神話に疎《うと》い私には耳慣れない名前の神様だ。けれどもここで首をひねっていても、教えてくれる人はいない。

調査は最後にまとめるとして、私はせかせかと手を合わせると、次の神社に行くことにした。

中川支流に隣接している葛飾《かつしか》区立石《たていし》八丁目の神社だ。

今度の神社はさっきより、古色の残った古い神社だ。そして私はその前に立ち、あきれるとともに興奮を抑えることができなくなった。

熊野神社——またしても、現れた神社の名称は熊野神社であったのだ。祭神は伊弉諾命に速玉之男命《はやたまのおのみこと》、事解之男命。そしてやはり境内に水神社も祭ってあった。

これで残りの二つの神社が熊野神社であったなら、もはや河川に並んだ神社は、単なる偶然の一言で片づけられることではなくなる。そして残りのふたつを回って、私はその——厄介ともいうべき予感が、的中したことを知ったのだった。

中川と江戸川の合流点、瑞穂《みずほ》大橋の側。江戸川区江戸川五丁目

MAP 2 《河川沿い熊野神社》

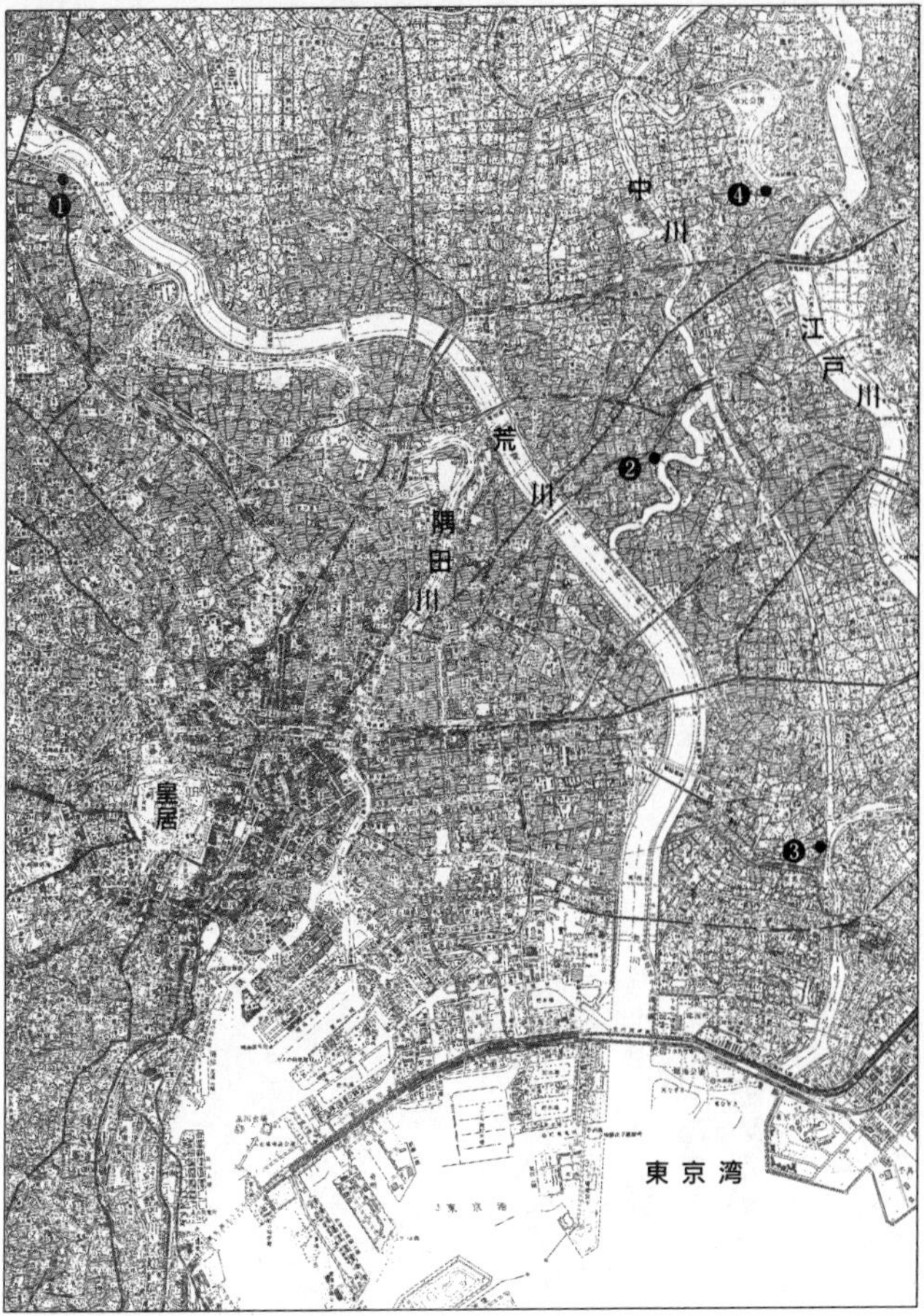

①熊野神社　北区志茂四丁目(岩淵水門側)
②熊野神社　葛飾区立石八丁目
③熊野神社　江戸川区江戸川五丁目
④熊野神社　葛飾区東水元五丁目

熊野神社
祭神　伊弉冉命
境内神社　水神社

中川と江戸川を結ぶ大場川の中間点。葛飾区東水元五丁目
熊野神社
祭神　伊弉冉命

河川の分岐点にある神社はすべて、熊野神社であったのだ！

私はぼうぜんとした。もちろん収穫を期待してわざわざ調査に出向いたのだが、こんなにも都合よく物事がまとまって目の前に出てくると、喜びを通り越して薄気味悪い。

そしてこの薄気味悪さは、現実の恐さもさることながら、今までしたり顔をして江戸・東京は呪術《じゅじゅつ》都市だと嘯《うそぶ》いていた私に対する報復というべきものでもあった。

私は歴史の闇に埋もれた呪術工作をナメていた自分をいまさら悔いながら、浮かび上がった熊野神社と、場所の意味を解きにかかった。

民俗学者の意見のなかに、熊野神社の「クマ」というのは「隈」であり、辺境を表す

という説がある。

都（ここでは京都を指す）を中心に、熊野といわれる紀州の土地は補陀落《ふだらく》★という「あの世」の隣に位置する世界の果てであり、その場所の重要性ゆえに歴代の天皇が数多く参拝に訪れたというわけだ。

そして「クマ」が境を意味する言葉であるという説もある。

群馬県碓氷《うすい》郡の松井田町坂本に鎮座する熊野権現《ごんげん》は、元は境の神である矢立明神《やだてみょうじん》であったのだという。神の機能が同じであるゆえ、名前を変えても支障がないといったところなのであろうか。

そしてその説のもう一方には、かの源頼朝《みなもとのよりとも》が初めて武蔵野を踏んだ地点に、熊野神社を建てたといった伝説も、また存在している。隅田宿から長井渡《ながいのわたし》を経て、武蔵野台地に上陸した地点――現在の王子《おうじ》神社がそれだ。

頼朝にとってその第一歩は、自分の既知の世界から、武蔵野という未知の国へと踏みだす境であったのだろうか……。

さて。今ここで、それらの説を東京の河川の熊野神社に当てはめて考えてみると、河

★補陀落［ふだらく］一般には観音菩薩のいる浄土のこと。熊野信仰に深く影響を与えた異界観で、海の彼方にあるとされた。そのため熊野では熊野灘から海への投身、または船で漕ぎ出す等「補陀落渡海」といわれる独特の信仰形態が起こった。

川の流れの辺境＝結界として、神社が浮かび上がってくる。

熊野神社のある場所は、河川の分岐点である。そこに結界を作るというのは、霊的な堤防を築くこと——つまり河川の気の流れを分割・限定することだ。

（……ということは隅田川・荒川・中川・江戸川の各々は、熊野神社を結界として、気の流れがほかの河川に漏れないようにしているワケか。これが真実だとすると、神社の位置は意図的に配置されていたことになる）

私はこの巧妙な呪術操作に嘆声を漏らした。

しかしこの大きな問題について、熊野の語源解釈ひとつで話を進めてしまうのは、心苦しいものがある。

（もっと別に決め手はないのか）

私は気にかかっている事解之男命について、調べてみることにした。

神道《しんとう》事典をひっくり返し、神社・祭神事典のたぐいを手当たり次第にひっくり返す。

こうなるとがぜんしつこくなるのが、良くも悪くも私の癖だ。だが偉そうに書いてはいるが、私は好きというだけで、歴史にも宗教にもまったくの素人であるというのがホントだ。基礎知識のない手探りなので、どこを調べたら早いかというのもまったくわからない。

無駄な時間を山とかけ、そうして何冊もの本の間を行ったり来たりした結果、私はやっとこの神が、熊野速玉《はやたま》神社におわす祭神であることを見いだした。ピックアップしたリストのなかで、事解之男命を祭っていたのは岩淵と立石の熊野神社だ。確か、その双方に「速玉」と名のつく神様や境内神社があったはずである。だとすると、この二つの神社は熊野の三つの神社の中で、熊野新宮《しんぐう》の通称を持つ速玉神社に関わりを持っているということになる。

紀伊の熊野は本宮《ほんぐう》と新宮、那智宮《なちぐう》の三つの社をもって、熊野三山と称される。専門家の意見によると、三つの神社は元々は、信仰体系の異なった神社であるという話である。岩淵の熊野の記録では、熊野三山から神様を勧請《かんじょう》したとのみあって、特定はされていなかった。信仰形態まで違うのに、どうしてそんな曖昧な言い方をしているのであろうか。そうやって全国にある熊野神社が、同じ顔を装いながら、実は違う系統を隠しているというのなら、今後それらを一括して扱うわけにもいかないだろう。

同じ神様を拝んだつもりが、実は見ず知らずの神様にお願いをしていた、などとなったら、拝む方だって気分が悪い。

しかしまあ、この問題は関係ないのでひとまず措こう。速玉神社の祭神である事解之男命の説明が、いまだ終わっていないのだ。

私は今度は、この神の名前が出てくるという『日本書紀』をひっぱりだした。

事解之男命は『書紀』の記述の前半にすぐ見つかった。やはり熊野の祭神である伊弉諾と伊弉冉が黄泉津平坂《よもつひらさか》で離別をする箇所である。

ただしこれは一般に知られた、洞窟の中を伊弉諾が伊弉冉に追われるという話とは、多少異なっている。詳しく言うと『日本書紀　神代上』の「第十」という別伝にのみ、事解之男命は出てくるのである。

以下、それを要約すると――。

黄泉《よみ》の国で伊弉諾に腐乱した体を見られてしまった伊弉冉は、伊弉諾に恨みの言葉を述べる。それを恥じた伊弉諾は帰りぎわ「縁を切ろう」と言い、そして続けて「お前には負けないつもりだ」と語る。その時、伊弉諾が吐いた唾《つば》から速玉之男《はやたまのお》が生まれでて、掃きはらって生まれた神を黄泉津事解之男《よもつことさかのお》と名づけたのである。

――まことにそっけない物語だが、これによって速玉之男と事解之男の性格がわかる。

唾を吐くということは、今考えると汚いようだが、元々の意味は魔除《まよけ》にあって、汚れを祓《はら》う効果を持った呪術的行為なのである。

マユツバという言葉があるが、元来あれは眉に唾を塗ることで魔を看破して、汚れや怪しい物事に惑わされない力をつける呪術のひとつであったのだ。

したがって唾から生まれた速玉之男は、汚れを祓う性格を持った神だということになる。そして掃きはらうことから生まれた事解之男も当然、清めの力を持っている神だ。

二柱の神が生まれた舞台は、あの世と現世とを繋ぐ黄泉津平坂という場所である。伊弉諾はその場所で、あの世の汚れから生還するため、祓いをし、黄泉との縁を断つ。話が飛ぶが、天台宗では速玉神社の祭神の本地★は薬師如来《やくしにょらい》であり、この御仏《みほとけ》は過去の世界を象徴しているという。

これを『書紀』と照合すると、この場合の「過去」は黄泉の国――祓い清められた汚れの世界ということになりはしないだろうか。だとすると、速玉之男と事解之男は純粋な祓いの神というより、汚れと浄との接点を結ぶ神々となってくる。

そして、やはり神仏習合★★から見た場合、事解之男は新宮で阿須賀権現《あすかごんげん》という仏になり、本地は大威徳明王《だいいとくみょうおう》となる。この明王は強力な悪魔降伏の仏のひとつだ。

（魔の侵入を拒み祓って、汚れとの接点に立つ神か……）

これはまさに結界の機能そのものではないか。事解之男と速玉之男は結界を護《まも》る神だ

★本地［ほんち］仏教側から神と仏の習合思想を言うもので、神は仏が庶民にわかりやすい姿をとって現れたものとし、その大本の仏を本地という。しかし庶民サイドから見た信仰に上下の区別はなく、本質的には同一のものと見なされる。

★★神仏習合［しんぶつしゅうごう］仏教の伝来・布教に伴って、神道の思想、神々との協調を図っていった結果、神は仏の仮の姿、仏は神の仮の姿というような融通のきく宗教観が現れる。これを神仏習合といい、明治維新まで残っていた。

ったのだ。

私は勢いづいて、速玉系の熊野神社に祭られていた水の神・水波之女についても調査した。神道事典のページを繰ると、この神様は水は水でも、水の浄化能力を神格化したものだとあった。これも汚れを清める神だ。

（これで決まりだ）

私は思った。速玉系の熊野神社は、結界を意識する「隈野《くまの》」神社だ。

東京の河川ぎわにある熊野の神の面々は、汚れの侵入を許さない、結界の守護神だったのだ。

東水元の熊野神社のみ速玉の神も水神もいないが、ここだけは河川が途切れた地点に建っている神社なのである。流れの終点ということならば、熊野の「隈」といった機能を持っているだけで充分だろう。

さて。そうなると東京の東に位置する河川はすべて、熊野神社の結界により、水の流れならぬ霊気の流れは、他に流入することのない独立したものになる。つまり隅田川は隅田川、荒川は荒川として、支流でも源流でもないポジションを保つことになるのだ。

「やったね」

私は出てきた結果を、意気揚々とまとめにかかった。

（隅田川と荒川は霊的にきちんと分かれていたんだ。元々江戸城の外濠《そとぼり》は神田川と平川から水をひっぱり、隅田川に連結されていたんだもの。ここに熊野神社はないから、川の気は流れを伝わって濠を巡っていたことになる。つまり江戸城の結界に必要とされていた川は、濠内に霊気を流していた川――今も熊野の結界に護られた隅田川なんだ）

青龍《せいりゅう》は隅田川である！

東の結界が確定できて、私は得意満面だった。荒川がどんなに頑張ろうとも、これで青龍は安泰だ。

私はすっかり満足をして、取り散らかした資料を眺めた。玄武《げんぶ》はいまだ怪しいが、取り敢えずひとつは片づいた。

（これでちょっとは安心できるぞ）

私はひとりで悦に入ったが、――そのとき、新たな問題があるのに気づいてしまったのである。

神社の成立年代だ。

荒川放水路が開かれたのは、一九一〇年である。岩淵の熊野の成立年は一三一二年。それよりははるかに前である。

明治政府が熊野神社の結界機能を意識して、そこから河川を開削《かいさく》したとの推論ならば成り立つだろう。政府が呪術政策を考慮しているという説は、私の意見に適《かな》ったことだ。しかしこれでは、この場所に神社が建立《こんりゅう》されたとき、熊野神社が結界を意識して建てられたことにはならない。

私は再び不安になって、残りの三つの熊野神社の成立年を見直した。示された答えはほとんど「不詳」。しかし江戸川の熊野神社の「一七〇〇年頃」を除くと、あとの神社は志茂の熊野神社が建立された一三一二年には揃っているというのがわかった。

結界守護の推論に徹底的な破綻をもたらす資料は見つからなかったが、私は調べていくうちに、江戸近辺の川の流れが、当時と今では随分と変化しているということを知った。……知ってしまった。

(これだから、素人のやることは)

私は頭を抱えてしまった。

(今の河川が熊野を介して、分かれているというのはいいよ。しかしこれらの熊野神社が、元々結界の機能をもって、建立されていたのかどうか)

自分の出した結論が、どんどん危なくなってくる。

熊野は結界の神である。これは私の意識の中で、動かし難いものになっている。しかしそれに固執したいなら、何か別の方法で、武蔵野における熊野神社の意味を看破しなくちゃならない。

十四世紀の頃といったら、はっきり言って武蔵野はド田舎以外の何ものでもない。そこにいったい、誰が住み、何のために熊野の神をこの地に勧請していったのか。

（東京にある熊野神社を全部見るしかテはないか）

私は散らばった資料を集め、新たに東京の詳細地図をしこたま買い込みに本屋に向かった。

東京・熊野・魔方陣

■熊野神社というところ

ここで少し、熊野神社というものについて、述べておこうと思う。熊野が重要なポイントとなるのに、神社の由来も知らないで、今後、話を進めていくのはできないだろうと思ったからだ。

もちろん自分で根本資料を分析する力はないので、資料はみんなよそさまの研究書からの拝借だ。したがって、もうそんなことは知っているヨという人は、ここはひとつ辛抱し、ナナメ読みしていただきたい。

まず『大峰縁起《おおみねえんぎ》』によると、熊野の神はその名のとおり、熊に縁起をもっている。伊勢の内宮《ないくう》・外宮《げくう》から走ってきた三匹の熊を猟師が射ようとしたところ、三つの鏡に変化した。それを熊野三所権現《さんしょごんげん》として、祭り上げたということだ。

本宮の主神は家津御子大神《けつみこのおおかみ》。その本地仏は阿弥陀如来《あみだにょらい》。新宮の速玉之男《はやたまのお》の本地仏は前述どおり薬師如来《やくしにょらい》で、那智宮《なちぐう》の主神は熊野夫須美神《くまのふすみのかみ》。本地仏は千手観音《せんじゅかんのん》だ。

また、本宮の家津御子大神は素戔嗚尊《すさのおのみこと》であるともいわれる。素戔嗚尊は「根の堅洲《かたす》」という場所におわす神だから、根の国といわれる一種の幽界、辺境の神ということになる。このあたりに熊野と黄泉《よみ》との繋がりを見いだすことも可能だ。

実際、熊野付近には死に関係した地名が多い。過去に死体を捨てたことから、単純に「ステバ」という名称を持っている場所を始めとし、「カンオケズラシ」「ツヤ島」「ジゴク」「ジョウド」等々がある。澤村経夫氏によると、これは熊野に伝わった両墓制と水葬のなごりを留めた地名だそうだ。

両墓制とは肉体と魂を別個に祭る制度で、魂はマツリ墓と呼ばれる墓に祭るが、肉体は抜け殻と見なして「棄場」と呼ばれる土地に、文字どおり埋め捨てる。

だがこの墓制は熊野地方に限ったものではないはずなのに、熊野にだけ、こうもたくさん死に纏《まつ》わった地名が残っているのも不思議な話だ。

地名というので思いだしたが、熊野地方の串本に橋杭岩《はしくいいわ》という名を持った奇岩の景勝地が存在している。

以前、熊野を観光したとき、電車の中から眺めたが、この橋杭岩はもともとは立石《たていし》という名称で呼ばれていたということである。近隣の那智勝浦にも立石という名の石がある。これがいったい、熊野とどういう関係にあるのか知らないが、さっきの河川の結界で、リストに上がった葛飾の熊野神社の地名も確か、立石というものだった。

気になったので調べてみると、立石の熊野神社から南西に下ったすぐ側に、実際、立石という霊石が残っているのが確認された。現地に行くと「立石」は、なかば地中に埋まった形で鳥居玉垣に囲まれ、公園にぽつねんと置かれてあった。動かすと祟《たた》るという話だが、葛飾立石の地名はやはり、ここから出ているということだ。

偶然か、それとも何らかの意図があって存在するのか。確かめる術《すべ》はなかったが、ちょっと気になる存在である。

話変わって。

窪田蔵郎氏によると、新宮飛鳥《しんぐうあすか》に三狐神《みこがみ》という神が関係していることが『熊野山略記《くまのさんりやくき》』に記されており、この神は氏によると製鉄に関係しているタタラ★の神だという話である。

氏は新宮の管轄の神倉《かんのくら》神社付近において銅鐸《どうたく》が発見されたことから、熊野夫須美神は銅鐸を象徴した神ではないかと推論している。

タタラ関係の神については、私も興味があるのだが、ここでそれを語るのは時期尚早だし、話がずれる。もしも熊野が本当にタタラと関係しているのなら、調査の途中で何らかのひっかかりが出てくるだろう。それを楽しみにして、ここは話を急ぎたい。

お次は信仰形態だ。

熊野は御師《おし》・先達★★制度といった布教制度を形成し、各地の信者と結びつき、伝道活動を行っていた。

熊野の御師・先達は主に各地の豪族や在地の武士に「旦那（あるいは檀那）」となることを求めて、旦那となった人々は自分の土地を訪れた熊野衆を保護し、活動を保証した。そして彼らはその代償に祈禱《きとう》を受けたり、紀州においては御師の属する宿坊に泊まるなどの契約を取り結んでいたという。

そういう制度が関東にどのくらいあったか調べてみたが、関東での熊野荘園は上総《かずさ》・下総《しもうさ》・武蔵に各々ひとつしか存在しておらず、熊野信者の中核を成していたという先達も多いとはいえない数だった。

そのうち、徳川時代以前に武蔵野を統治していた江戸氏は、熊野の旦那に名を連ねて

★タタラ　元々の意味は足踏み式のフイゴのこと。のちに製鉄精錬場そのものを指す言葉となった。タタラ一族とは、その製鉄に従事した集団のことである。マタギやサンカなどに繋がる一種独特のスタンスを社会にもっていたゆえに、現代においてもその真実、歴史的な活躍については謎が多い。

★★御師・先達［おし・せんだつ］　御師は平安時代以降、神社に発生した祈禱師のことをいう。先達はその下にあり、各地の信仰普及にあたった。

いる。

江戸の支配者が熊野信仰をもっていたにもかかわらず、民衆を導く御師や先達の数が少ないということは、いったいどういうことなのだろうか。

為政者サイドと民衆の信仰基盤が違っていたのか。それとも資料に見えないだけで、熊野信仰は関東の一般市民の間にも広まっていたのだろうか。

あるいは。江戸氏はなんらかの政治的配慮から熊野に気を配っただけで、実際は熊野になんか、信仰をもっていなかったのか。

――私にわかるわけがない。わかっているのは、それでも東京都の中にいくつか熊野神社があって、それが現在に至るまで残っているということだけだ。

以上。

やっぱりシカツメらしい顔をして、研究書をひっくり返すのはどうも性にあっていない。書いていて自分で飽きてしまった。

だいたい、熊野神社というのは修験道《しゆげんどう》系密教の影響に強く彩られ、補陀落《ふだらく》信仰という独特の宇宙観をもっていて、専門家でも解けない謎を山のように抱えた神社だ。私ごときがちょっかいを出してもドツボにはまるのがオチだ。

これ以上の細かい資料は、必要となったらその時々に調べていくことにして、もう本筋に戻りたい。東京にある熊野神社だ。

これらは私に何らかの答えを、示してくれるのであろうか……？

■熊野トライアングル

私は国土地理院の二万五千分の一縮尺の地図を中心に、一万分の一、五千分の一、地域によっては五万分の一という膨大な量の地図を買い込んできた。

散財といえば大散財だが、私はこの調査が、熊野ひとつじゃ終わらない予感をもっていた。相手にするのは、熊野ではない。東京の呪術《じゅじゅつ》戦略だ。この先何が出てくるか、ナメてかかれる相手じゃないのだ。

それに最近手に入れた『東京神社名鑑』で神社の由来を追ったところで、熊野神社は熊野神社。ありきたりの神名以外、何がわかるわけでもない。私が知りたいのは裏の顔――東京の熊野神社における地理的特殊性なのだから、財布が空《から》になろうとも、後悔はないというわけだ。

備えあれば憂いなし。

東京付近の二万五千分の一地図をテープで全部繫げると、なんと六畳間を覆い尽くして余るほどのでかさになった。私はその上に立ち、東京をのしのし踏みつけながら、神社をマーキングしていった。

熊野神社は二十三区に全部で二十一カ所ある。それにマーカーで印をつけて、私は「東京」を見おろした。

まず気づいたのはそれらの神社が全部、岩淵《いわぶち》を最北として主な河川の内側に位置しているということだった。これは河川と熊野神社の意味を関係づける上、おおいに心強いことだ。だがそれだけではせっかく揃えた地図があまりにもったいない。私はなおも地図を見つめた。

やはり一番のポイントは、岩淵の熊野神社であろう。そこと他の熊野神社に、何か地理的な関係を見つけることはできないだろうか。

（川が流れているわけではなし……。ほとんど平地の上だしなぁ）

視線が付近の熊野神社を行ったり来たりし始める。近くにあるのは板橋のふたつ。それを視線で何度もなぞって、私はその三つの神社が三角形の頂点となっていることに気がついた。

（そりゃあ、三つのポイントを結べばどんなものだって、三角形になるけれど……。この形、綺麗過ぎないか⁉）

慌てて、机にしまいっぱなしの定規とコンパスを取りだしてくる。人間の目は〇・五ミリの差異をも見抜くと言われるが、錯覚だって起こしやすいのだ。私は慎重に三つの点に定規を当て、線をひっぱった。そして長さを各々測る。

（やっぱり……！）

胸がドキドキしてきた。

描きだされた三角形は、正に寸分の狂いもない、二等辺三角形だったのだ！

頂点となるのは板橋区志村二丁目の熊野神社だ。それが岩淵と板橋区熊野町にある熊野神社を等分の距離で結びつけている。

（これはいったい、どういうことだ!?）

私は慌てて、周囲に散らばる熊野神社に目を走らせた。目が無意識に三角を求める。小さいところから大きいところへ。

（あった！）

今度は渋谷区神宮前二丁目の熊野を頂点とした三角形だ。それが杉並区成田西、目黒区自由が丘のふたつの熊野神社を、やはり等しい距離を置き、結びつけていたのであった。

しかもそればかりか、神宮前と成田西を結んだ線上、及びその延長に、熊野以外のふたつの神社が、これもまた寸分の狂いなく、乗っているのが見つかった。

その神社の名前はなんと、明治神宮と乃木《のぎ》神社。

これを偶然と言っていいのか。

私は地図によつんばいになったまま、しばらく息を詰めていた。

確かに三角といった形は、古代から魔除《まよけ》のシンボルであり、呪術的には結界を張る一番単純なやり方でもある。たぶん、線が面へと移る劇的な変化に、先人は呪術的意味を見たのであろう。なかでも特殊な三角形——正三角形、二等辺三角形等は特に重視されている。

西洋では五芒星《ごぼうせい》、六芒星《ろくぼうせい》がその代表。日本でも五芒星は陰陽道《おんみょうどう》での魔除の護符だ。日本の装飾古墳の中にも、三角形はよく描かれる。そればかりか古墳自体が、この熊野神社同様に、三角形に一定の法則をつけ、並んでいるのは知られた事実だ。

(だけど古墳と神社とは年代が全然違っているし……。もしもこれらの熊野神社が古墳と同様の法則性をもって並んでいるのなら、古代祭祀《さいし》に用いられていたマジカルな法則が、現代にまで生きているということになる)

どうにも興奮が抑えられない。これが偶然でないのなら、他の熊野神社にも同様の法則が、隠されているのではないか？

(そして東京中の神社に！)

やはり江戸・東京の呪術は一筋縄ではいかない。かくなる上は東京中の社寺をすべてマーキングして、武蔵野歴代の呪術師と知恵比べをせねばならないだろう。

歯が立つか、太刀打ちできないか。恐れなんか通り越し、私はワクワクしてきてしま

MAP 3 《二つの二等辺三角形》

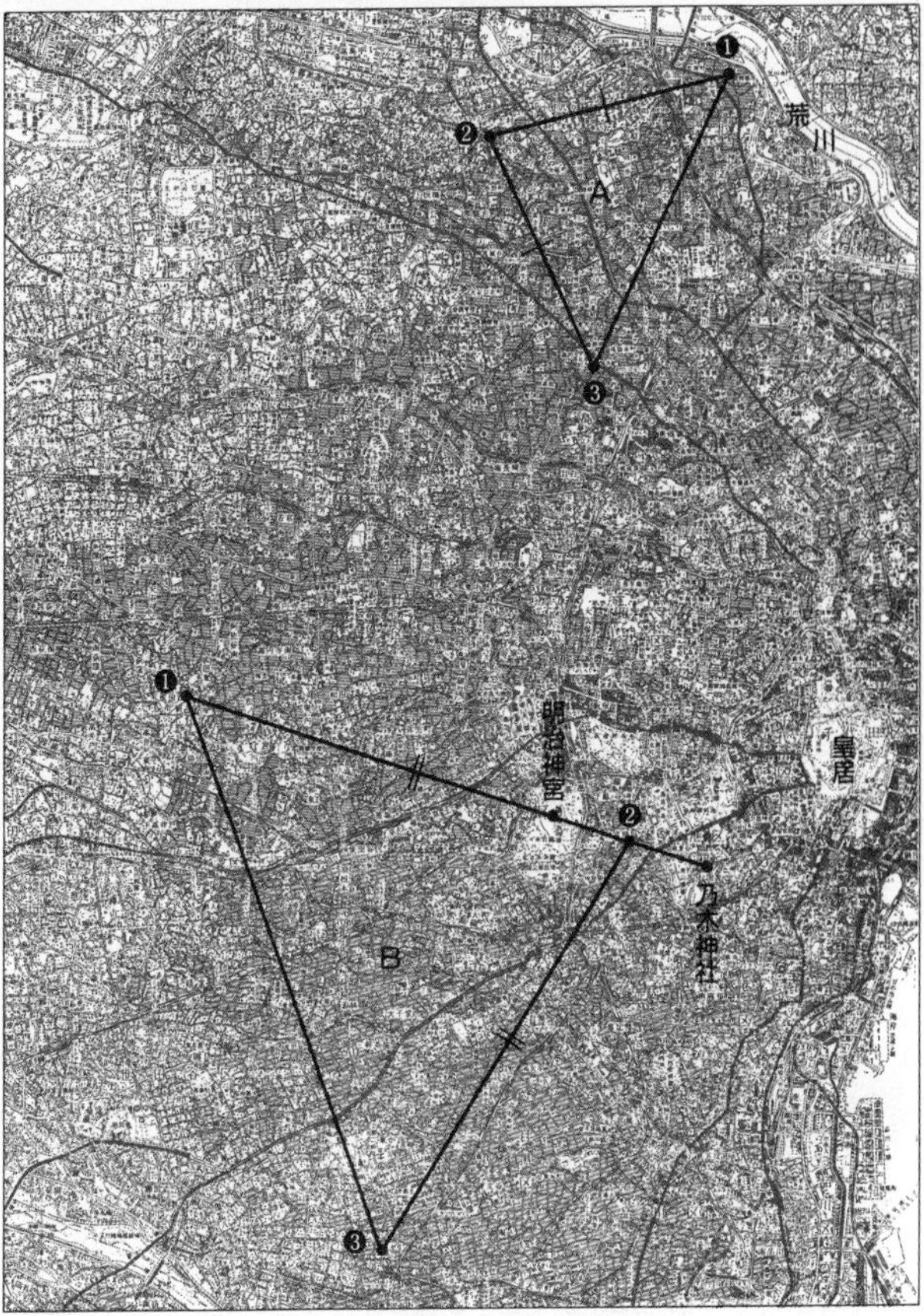

●トライアングルA
①熊野神社　北区志茂四丁目
（岩淵水門側）
②熊野神社　板橋区志村二丁目
（志村小学校側）
③熊野神社　板橋区熊野町

●トライアングルB
①熊野神社　杉並区成田西三丁目
（杉並第二小学校側）
②熊野神社　渋谷区神宮前二丁目
③熊野神社　目黒区自由が丘一丁目
（自由が丘駅前）
*①と②のライン及び延長上に、明治神宮と乃木神社

った。やっぱり地図をあらかじめ揃えていたのは卓見だった。自分で自分をほめながら、私は巨大な地図に伏し、カラーマーカーのキャップを外した。

■西の結界、姿を現す

結果はとんでもないものだった……。

しかし結論を言う前に、もったいぶってまたここで、ひとつ注意を促しておこう。それは地図の正確さである。

繰り返し言うこともないのだが、使用した地図は国土地理院の二万五千分の一をベースに、何種類かを用意した。できれば読者の方にも直接、地図を見ていただきたいのだが、検討した地図の中には社寺のポイントが曖昧だったり、誤りがあるのも見つかった。お手元に用意される際は、その点、注意願いたい。

それでなくとも地図というのはくせもので、正確さを要求するほどに曖昧な部分が浮きだしてくる。ことにこの先、頻繁に出てくる社寺のポイントだが、これは地図では鳥居のマークと卍マークで記されている。

ところがこのマーク類、縮尺を考慮しない大きさで地図に記入されているのだ。したがって縮尺如何《いかん》によっては、神社の鳥居はどれもこれも見上げるほどに大きくなるし、寺は寺で山ひとつ抱え込むほどの規模として、地図上に現れることになる。かと思うと皇居の吹上御所《ふきあげごしょ》など、点で記してあるものもあり、調査にあたってはポイントを絞るのにかなり苦労した。

ゆえにこれらのポイントは、針のごとき一点であるとは、決して言い切れない。

しかし曖昧な部分については、私はすべてその場に行って、取捨選択を行った。だからこの本のデータに関して、私は自信を持っている。ポイントが絞れないといっても、それはせいぜい境内の囲いの中での曖昧さであり、社寺自体を間違えて記しているということはない。

だがそれなら、わざわざ不安になることを記すこともない。――そう言って失笑する人も、出てくることと思われる。

しかし弱点は弱点として、初めにはっきり示しておきたい。何故ならこの疑問は、この先、誰かが実際、地図で確認したときに絶対出てくる疑問だからだ。そしてそこに至ったときに、ここに記されたデータのすべてを否定されてしまうのは、非常に残念なことだからである。

この内容を偶然の産物と見るのは個人の自由だ。だがその偶然の原因は、調査自体の曖昧さから出てくるものではないということ。

それを私はこの場で、断わっておきたかったのだ。

また、なかにはどんな形の図形も、何百とあるマークを繋げば、適当に作りだせるものだという人もあるに違いない。そういう人にも言っておきたい。

もしもそう思うなら、白い紙を用意して、ランダムにいくつかの点を実際に打ってみて欲しい。果してそこに、特殊な角度をもつ三角形が描きだせるものなのか。

私も、実はやってみた。そして答えはご覧のとおり――、調べた結果を本にまとめる決意を促すものだったのだ。

神社を赤のマーカーで。寺院を紫のマーカーで。夢中になって塗りつぶしていく。数日の後、部屋中に広がった東京地図は妖しげな雰囲気を放ち始めた。

すっかり腰が痛くなったが、本番はこれからだ。すでに作業の途中から、不審な場所がいくつかあったが、やはり熊野神社から始めていくのが筋道だろう。

私は武器でも持つかのように、三角定規とコンパスを構えた。

熊野神社はどういうわけか、東京の西に集まっている。それを見ながら、初めに作ったふたつの三角の各頂点から、二等辺三角形、正三角形、あるいは直角三角形を作りだす神社が存在しないか、コンパスと定規で調査していく。

理想的な形としては、見いだされた図形の線上、あるいは延長線上に複数の神社や寺院が乗って、形を補強しているものだ。二万五千分の一図において、ひとつのマークは一ミリ強。三十メートルぐらいの範囲だ。これはよほどの小祠《しょうし》でなければ、境内の中に納まる長さだ。そのマーク上を正確にラインが通らないものは、原則として除外する。作業は手間がかかったが、苦労話をする暇はない。ともかく結果だ。見て欲しい。例の岩淵を最北に、そして最南は多摩川を越えたところの川崎大師《かわさきだいし》に、いくつかの社寺を巻き込みながら、ラインは鎖状に繋がっていく。

川から、川へ。

(これを結界と言わずして、何と言ったらいいっていうんだ!?)

現れた図形は私には、西方を護《まも》る呪術的《じゆじゆつ》城壁にしか映らなかった。霊的な土地を霊的な図形で結び、連結し、ブロックを造り壁となす。層となった三角は共鳴し、より強い呪力をもって、東京の西に広大な魔方陣を作りだすのだ。そう。私はこれらの図形を魔方陣と命名したい。こんなに見事な呪術布陣を、ありきたりの名称で呼んでしまうなどもったいない。現れた見事な城壁は、ここまで大げさな名前をつけても、言い尽くせないほどの衝撃を私に与えたのだった。

武蔵野の呪術、おそるべし!

熊野神社はその呪術のため、置かれるべくして、この場所に土台を築き、据えられたのだ。

西は仏教においては正に、浄土を表す方角だ。うがち過ぎた意見だが、熊野の神があの世とこの世の境に位置する神ならば、確かに熊野神社ほど、西の結界を構成するのに好都合な神はいない。

熊野の神は東京をあの世と隔てて、現世の中に立脚させる神でもあるのだ。

もちろん、西の城壁を構成しているすべての神社が熊野神社というわけではない。たとえば多摩川を越えた場所、ラインの終点は川崎大師㉑だ。一見、熊野とは繋がりをもっていないように見えるが、この寺は武蔵野において数少なかった熊野信仰の先達《せんだつ》がいた場所である。

先達がいたからラインに乗ったのか、ラインの上に乗ったから先達を置くことにしたのか。それは不明だが、熊野神社に関わっていることについては疑いない。

が、それよりも頭を悩ませる神社が、実は存在している。

杉並区天沼《あまぬま》の熊野神社だ。どういうわけかこの神社、熊野のトライアングルに全然接触してないのである。そしてその代わり、当の神社から三百メートルちょっとのところに位置する天沼八幡《はちまん》神社④が、堂々、重要なポイントを肩代わりしているのであった。

このポイントは連なるラインの最西端に位置する重要ポイントだ。私としてはここは是非、熊野神社の登場となって欲しいところだが、事実は事実だ。しょうがない。

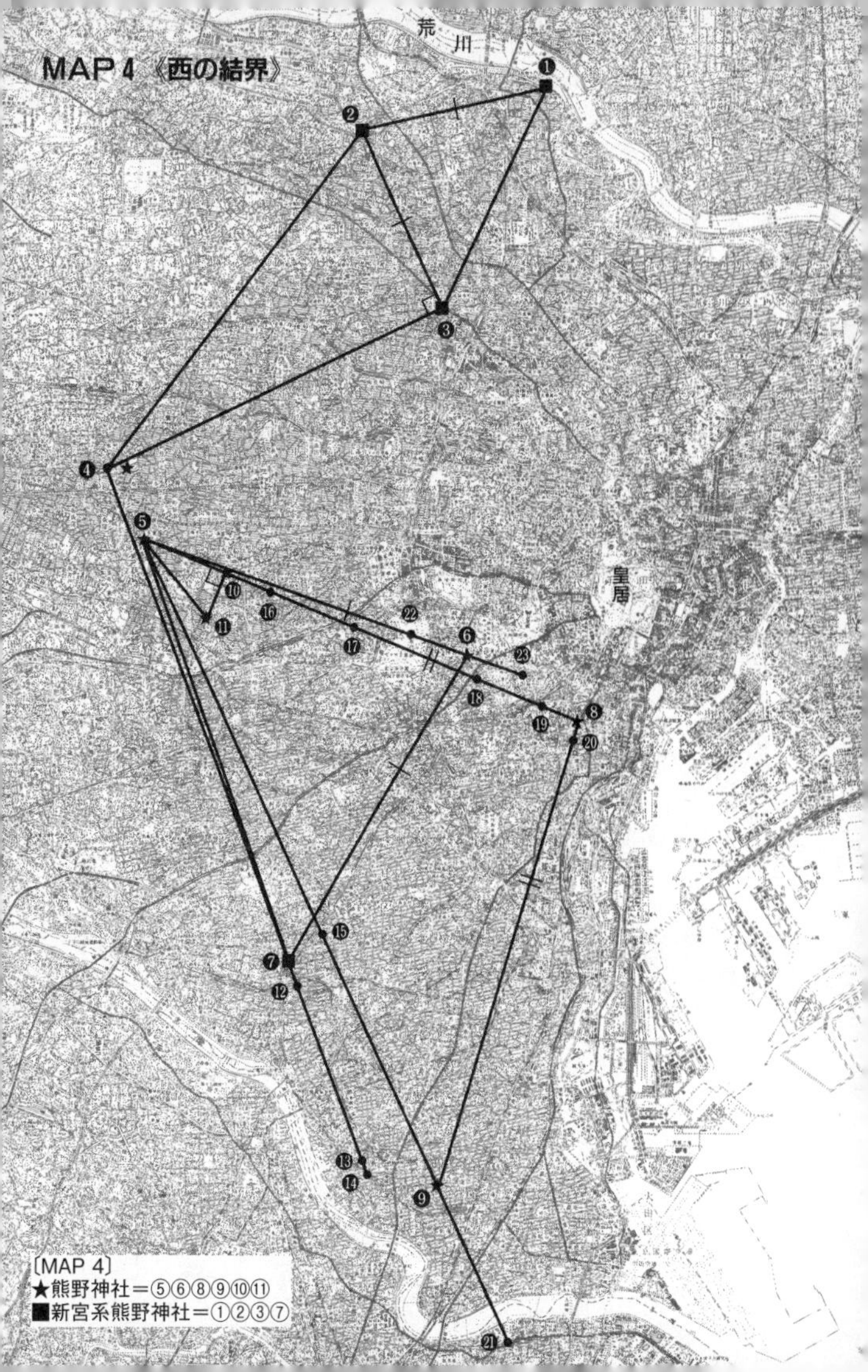
MAP 4《西の結界》
荒川
皇居
〔MAP 4〕
★熊野神社＝⑤⑥⑧⑨⑩⑪
■新宮系熊野神社＝①②③⑦

MAP4〈西の結界〉

①熊野神社　北区志茂四丁目
祭神……伊弉諾命　伊弉冉命　事解之男命
境内神社……飛鳥神社（事解之男命）　水神社（水波之女命）　速玉神社（速玉之男命）　浅間神社（木之花咲也姫命　コノハナサクヤヒメノミコト）　阿夫利神社（大山祇命　オオヤマツミノミコト）　稲荷神社（宇迦之御魂命　ウカノミタマノミコト）
由来……創建不詳。付近の西蓮寺の鐘銘に「……正和壬子（一三一二）先師淳慶阿闍梨紀州奉勧請、熊野三社権現為当郷鎮守」とある。

②熊野神社　板橋区志村二丁目
祭神……伊弉諾命　伊弉冉命　事解之男命
境内神社……石神社（石析神　イワサクノカミ）　八幡神社（誉田別命　ホンダワケノミコト＝応仁天皇）　御嶽神社（日本武尊　ヤマトタケルノミコト）　稲荷神社　招魂社（戦没者）
由来……創建長久三年（一〇四二）。この地の豪族志村将監が熊野より勧請。源頼義・義家が奥州討伐の際、ここに八幡社を奉斎。後、康正二年（一四五六）千葉隠岐守信胤がこの地に城を築いたとき、二の丸の鎮守とした。

③熊野神社　板橋区熊野町
祭神……伊弉冉命　事解之男命　速玉之男命
境内神社……稲荷神社　厳島神社（市杵嶋姫命　イチキシマヒメノミコト）
由来……創建応永年間（一三九四～一四二八）宇多天皇の皇子敦実親王十四代の孫・庭田主水氏兼が分祀。

④天沼八幡神社　杉並区天沼二丁目
祭神……誉田別命　市杵嶋姫命
境内神社……大鳥神社（日本武尊）　金山彦神社（金山彦命　カナヤマヒコノミコト）　日枝神社（大山咋命　オオヤマクイノミコト）　稲荷神社
由来……創建天正年間（一五七三～一五九二）。明治年間に市杵嶋姫命を合祀。江戸時代、天沼村は赤坂日枝神社の社領であったため、日枝神社をも祭る。

⑤熊野神社　杉並区成田西三丁目

祭神……五十猛命（イソタケルノミコト）抓津姫命（ツマツヒメノミコト）大屋津姫命（オオヤツヒメノミコト）

境内神社……猨田彦神社（猿田彦命）御嶽神社（大己貴命　オオナムチノミコト）稲荷神社

由来……創建不詳。源頼義奥州討伐の際、近隣に大宮八幡宮を建てたときと同年に創建か。

⑥熊野神社　渋谷区神宮前二丁目

祭神……五十猛命　抓津姫命　大屋津姫命

境内神社……稲荷神社　御嶽神社　秋葉神社（加具土命　カグツチノミコト）

由来……創建元和五年（一六一九）。徳川頼宣によって勧請。初め現青山御所にあったが、正保元年（一六四四）現地に遷座。青山総鎮守、紀州家の祈願所となる。

⑦熊野神社　目黒区自由が丘一丁目

祭神……速玉之男命　伊弉冉命　事解之男命

境内神社……稲荷神社

由来……不詳

⑧熊野神社　港区麻布台二丁目

祭神……伊弉諾命　伊弉冉命　素戔嗚尊（スサノオノミコト）塩竃大神（シオガマノオオカミ）

境内神社……太田稲荷神社（別称・恵比寿稲荷神社）愛宕神社（加具土命）

由来……創建養老年間（七一七～七二四）あるいは応永年間（一三九四～一四二八）。文明年間（一四六九～一四八七）に太田道灌によって再建。江戸時代は寛永寺支配の許にあった。

⑨熊野神社　大田区西蒲田六丁目

祭神……伊弉諾命

境内神社……稲荷神社

由来……不詳

⑩熊野神社　杉並区堀ノ内二丁目

祭神……五十猛命　抓津姫命　大屋津姫命

境内神社……第六天神社（面足命　オモダルノミコト　惶根命　カシコネノミコト）稲荷神社

由来……創建文永四年（一二六七）。北条氏綱が上杉攻略の際、社殿を改修。旧堀之内村鎮守。古墳跡でもある。

⑪熊野神社　杉並区和泉三丁目

祭神……伊弉諾命　伊弉冉命　天御中主命（アメノミナカヌシノミコト）
境内神社……北野神社（菅原道真公）　山神社（大山咋命）
御嶽神社　稲荷神社
境外末社……貴船神社（高龗神　タカオカノカミ）
由来……創建文永四年（一二六七）。北条氏綱の崇敬を受ける。

※以下、トライアングルの補佐、及びライン延長上の社寺

④—⑦↓
⑫奥沢神社　世田谷区奥沢五丁目
⑬東部八幡神社　大田区南久が原二丁目
⑭藤森稲荷神社　大田区南久が原二丁目
⑤↓……↑⑨
⑮桜森稲荷神社　目黒区平町一丁目
⑨↓
㉑川崎大師　川崎市川崎区大師町
⑤↓……↑⑧
⑯多田神社　中野区南台三丁目
⑰初台稲荷神社　渋谷区初台二丁目
⑱船光稲荷神社　港区南青山三丁目
⑲（神社名不明）　港区六本木交差点
⑧↓……↑⑨
⑳天祖神社　港区三田一丁目
⑤↓
㉒明治神宮　渋谷区代々木神園町
↓⑥↓
㉓乃木神社　港区赤坂八丁目

調べてみると、この天沼八幡は天正《てんしょう》年間（一五七三〜九二）に創建されたものだった。隣接する熊野神社は、神護《じんご》景雲《けいうん》二年（七六八）創建。歴史としては段違いに、熊野神社の方が古い。

（なんで古い神社を抜きに、新たにポイントを作るワケ？　古い神社を中心にラインを作っていくんじゃないワケ？）

釈然としないのでしつこくも、トライアングルを形成しているその他の熊野神社における創建年を調査する。

かなり数が多いので詳細は別表に記したが、見ると、その他の熊野神社はだいたい、十三世紀から十四世紀の間にかけて、成立しているというのがわかった。

そして天沼八幡に、板橋志村と熊野町の熊野神社を結んでできた直角三角形。そして他の三角と点を共有する自由が丘熊野。それらはいずれも八幡よりも古い創建のものだった。

つまりバラバラに置かれた神社を意味ある形に構成したのは、一番あとに建てられた十六世紀創建の天沼八幡ということになる。

（ますますワカラン）

こんな重要なポイントが、どうして熊野神社じゃないのか。

私はほとほと考えあぐねて、作ったリストをもう一度、寝っ転がって眺めていった。

熊野結界の共通点に、見落としているところはないか。場所はチェックした。年代も見た。由来も調べた。残っているのは……。

「祭神？」

慌てて跳ね起きて、ラインの神社をチェックする。八幡神社を起点にし、三角を作る熊野神社は、岩淵の熊野を含めて四つ。すべて西の外壁に位置する重要なポイントだ。それらの神社に祭られた神の名前を確認し、私は自分の杜撰《ずさん》さに、思わず自嘲の笑みを漏らした。

四つの神社の祭神は、すべて例の速玉《はやたま》・事解之男《ことさかのお》の名を持った、新宮《しんぐう》系の神だったのだ。

(結界を作っているんだからさ。考えれば当り前じゃない)

自分で言いだしたことすらも忘れるのだから大した頭だ。

二十三区内にある熊野神社は、全部で二十一ヵ所だ。そのうち新宮の祭神を祭っている神社は五つ。ここの四ヵ所と立石《たていし》だ。すべてが結界がらみなのである。

(そして天沼の熊野神社は、新宮系の熊野じゃない！)

それゆえに天沼の熊野神社は、ラインの上から外されたのだ。

結界を作った呪術師は、本当は八幡神社ではなく、新宮系の熊野神社を置きたかったに違いない。しかし熊野神社をふたつも隣接して建てるというのは、住民に不審を抱かせる。一般人にこんな呪術の存在を知らせることは危険だ。

彼はやむなくこの結界を、八幡神社の祭神に託したのではないのだろうか。

（しかし新宮系の熊野を八幡神社が肩代わりできるとなると、八幡も境界に関わる神か、あるいは両者に何らかの融通性をもつ共通点があるということになるんだが……）

つつけばつつくほど、疑問が出てくる。八幡神も熊野同様、不明瞭な部分の多い、謎だらけの神様だ。鍛冶神だという話もあるので、それを熊野の金属神説と一緒に理解することもできるのだろうが……。

残念。これはお手上げだった。専門家が首を傾げるような祭神をふたつ並べても、私には何も見えてこない。これはもう、へたなこじつけをするよりも、後の調査結果で出て来る答えに期待するしかなかろう。

頭をあんまり酷使したので、本当に頭痛がしてきてしまった。だがもたらされた成果を思えば、頭痛なんか屁でもない。

東京の西の城壁は、熊野によって護られている。そして河川の結界も熊野の神が管理している。

江戸以前に構築されたこれらの呪術結界は、江戸以前からここの地に、壮大な呪術戦略が張り巡らされていた動かぬ証拠だ。そして魔方陣を作るため、社寺が建てられた証《あかし》でもある。

そう。日本の社寺建築の真実の意味は、ただ神を祭り、崇《あが》めるためじゃない。神社と寺は、結界をつくるためにこそ、建てられたのだ。

■壁を作る・補強する

私は見つけだした答えに、自分でうっとりしてしまった。

現れ出《い》でた魔方陣は、目に見える如何《いか》なる建築物より、美しく、意味ある「建築」である。いにしえの呪術師達《じゅじゅつ》は、ただ祈禱《きとう》やまじないに明け暮れていたばかりではなく、有能な設計者――呪術的設計者でもあったのだ。

私は深く頷《うなず》いた。が、これで満足するのは早い。まだまだ問題は残っているのだ。（成立年の問題と、四神相応《ししんそうおう》の問題と……）

こんな程度の発見で悦に入っている暇はない。ぐずぐずしてたら、熊野神社に後ろから蹴り倒されそうだ。

早々に、次に行くことにする。

前項で調べたとおり、三角形を構成している熊野神社の成立年は、十三～十四世紀の間だ。この時期の武蔵野を調べると、江戸氏が現皇居の場所に館を築いて、ここの地方を統治し始めた時期と重なる。

神社の勧請《かんじょう》はもちろん、時の為政者に関わりを持っている。そして江戸氏は熊野信仰の旦那であったはずである。

さっきはこの問題をぶん投げて先を急いだが、ここに至って答えが見えた。つまり江戸氏の熊野信仰とは、神の力で武蔵野を統治するための呪術的防衛戦略だったのだ。

調査に無駄がない。すごい。思わず自分に拍手をしたが、では何故、江戸氏が結界を西に築かねばならなかったか、考えてみることにする。

四神相応理論において西方の象徴は、白虎《びゃっこ》の道だ。しかし考えれば道というのは、境というより、場所から場所に霊気を通すものである。結界という意味から見れば他の三者より弱い。

江戸における白虎の道は、前述したように東海道だ。京都に至るこの道は、天皇家の皇気でもって、京都と東京を結ぶという点、スグレモノの装置であろう。だが江戸以前の武蔵野の覇者にとって、京都の皇気は取り入れたい半面、用心すべきものでもあったはずである。

将門《まさかど》の乱を見るまでもなく、以前から東の国々は西を牽制し続けていた。そして朝廷側から見れば、武蔵野以北は東夷《あずまえびす》の跋扈《ばっこ》する「まつろわぬ国」であったのだ。

　ましてや江戸氏は将門と同じ祖先を持つ一族だ。彼らの祖先は将門と敵対していた叔父にあたるが、その闘いの目的は結局、この武蔵野の覇権争いというべきもので、東夷たることを捨て去ってのものじゃない。

（西から独立した王城を、江戸氏は造りたかったんじゃないのか？　そのために東海道から入る皇気を、隠密裡の呪術工作で断ち切ったのではないのだろうか？）

　江戸氏が城を構えた時代は、頼朝が鎌倉幕府を建てる少し前のことである。正に関東勢力が西の王都に対抗し、力を蓄え始めたときだ。

　そして天沼の八幡が据えられたのが、天正《てんしょう》年間。もしそれが天正後期なら、天沼八幡の創建時期は家康が江戸入りした後だ。

　八幡神社が徳川幕府の指示の下に建ったのならば、家康は江戸氏より徹底的に、西の気を江戸に入れないための呪術操作をしたことになる。

　つまり徳川家康は、魔方陣の持つ意味を知っていたということになるのだ。

　そして彼のブレーンには、それを新たに発展、強化する力を持った呪術師がいたということにもなろう。

　もうこうなると、四神相応なんていうのは大した意味を有さない。江戸の結界は生半可な象徴に護《まも》りを委ねることなく、時の為政者によって、精力的かつ綿密な人為的呪術操作によって、作りだされたものなのだ。

（しかしこうやって眺めてみると、このテのことを記述したマニュアルがあるとしか思えないよな）

私はそう考えた。しかも、それはひとつの時代の治世者のみが持つものではなく、時代を超えた武蔵野の覇者に漏れなく伝わるものだ。

私は時の勢力以外に、こういうマニュアルを管理する一族がいるような気がしてきた。そしてそれら一族が承認した武蔵野の統治者にのみ、このマニュアルが渡されているように思われるのだが……。これは想像過多であろうか。

ともかく、江戸氏から徳川にこれらの呪術が伝えられ、継承された可能性はある。そして、それどころか明治以降の新政府もそれを知り、新たに結界を補強した節が窺えるのである。さっき熊野ライン（註「熊野トライアングル」参照）の上に明治神宮と乃木《のぎ》神社が乗っていると、私は記したと思う。この件に関しては後でゆっくり考察することにして、ここでひっかかる問題は、再び、荒川放水路である。

もう一度、地図に視線を移し、西の熊野の結界と荒川の形を比べてみて欲しい。カーブの形が何となく、対称的に見えないだろうか。

考えすぎという気もするが、岩淵の熊野を中心に、荒川の流れと、結界の西の外郭をなぞっていくと、妙にきれいな円形を描いているように思えるのである。そして描きだされた形は、これまた不思議に現皇居の内濠《うちぼり》のカーブを思わせる。

ょう?)

(荒川は人工の川なんだから。こんな形に開削《かいさく》したのは、どこかに意味があるはずでし

またもや細かいことが気になる。我ながら嫌な性格だ。さぞかし嫁いびりのうまい姑になれることだろう……。

まあいい。気になったのだから、ちょっかいを出してみることにする。

まず岩淵の熊野から、真南に線を引いていく。そして西の結界で一番張り出している部分、すなわち天沼八幡に定規を当てて、引いたラインと直角になるよう、線を延長してみる。

思ったとおり、延ばした線は荒川で一番、東に張り出している小松川付近に到達していた。しかも、ほぼ等距離だ。縮尺から換算すると、一キロばかり荒川が遠い。

しかし熊野結界であれほどの正確さを見てしまっては、この距離の差はかなり大きい。

もうひとつ決め手が欲しいので、今度は岩淵と皇居・吹上御所を結んで、そこから直角となる線を引く。

西のラインに接触するのは、杉並区下高井戸の付近だ。それと同じ長さを皇居から東の方に延ばしていくと……どんぴしゃり。小松川橋の下、まさに荒川のド真ん中、にぶつかったのだ。

これらは何を意味しているか。疑問に思うまでもない。荒川も呪的効果を配慮して、

造られたということである。

呪術における重要なポイントのひとつにバランスがある。

東洋の陰陽《おんみよう》思想が最も典型的な例だが、陰陽・天地・男と女。対極にあるものとの量的、性質的均衡は、かなり重視されるのだ。

「人を呪わば、穴ふたつ」などといわれるが、あれは、道徳的な観念よりも、呪いにおけるバランスの均衡を示した言葉なのである。

隅田川《すみだがわ》を東京の東の壁とした場合、中心となる皇居から見て、西に比べて東方の面積が貧弱になり過ぎる。西の結界のありかを知った東京の呪術師はそれを憂慮し、荒川にその均衡を担わせたのではないのだろうか。

そうだとすると、荒川は西の結界に対応させた第二の青龍《せいりゆう》となる可能性がある。

さっき私が青龍を隅田川だと言ったのは、濠との関係を重視した、江戸城に視点を置いた話だ。江戸が東京となったとき、川はすでに埋められて、城の濠とは断絶していた。東京の呪術師がそのことに青龍の弱さを感じたならば、新たな呪術を施して龍を呼び込んだに違いない。

(これが事実なら、荒川にはもっと仕掛があるはずだ)

私は岩淵にコンパスを置いた。そして天沼八幡にコンパスのもう一端を置き、そこと等しい距離になる荒川のポイントを捜しだす。

コンパスが指し示した地点は、平井大橋のたもとであった。二等辺三角形ができたわけだが、橋は神社とは機能が違う。道と同様、囲いの中に霊気を通すものである。

(結界に穴をあけてるわけか)

私は強く頷いた。そうした術者の理屈はわかる。

現東京は天皇という、西の為政者を戴くところだ。西からの皇気を完全にシャットアウトするわけにはいくまい。とはいえ、この強大な熊野の壁を壊すのも、東京を治める点から見れば、なし難いことに違いない。

東京の呪術師は岩淵と天沼を呪的図形で結んで、穴をあけることにより、外からの風を間接的に取り込もうともくろんだのだ。

「手の込んだことしやがって」

口汚く呟《つぶや》いてはみたが、またもや私はワクワクしてきた。

平井大橋が西方の結界と対をなしているなら、荒川は確かに東の城壁——「東京」における青龍となる。この川は古典的風水の条件からは外れているが、風水は中国大陸の、いわば輸入品の呪術だ。明治の呪術師はそこで新たに日本的魔方陣を活用し、日本の風土にマッチした技を編みだしたのではないか。

つまり青龍は、ふたつあるのだ。江戸においては隅田川。東京においては荒川だ。そしてそれらは岩淵の熊野によって、お互いに侵されることなく存在するのだ。

MAP 5《荒川と西の結界》
岩淵熊野
荒川
平井大橋
天沼八幡
吹上御所
東京湾
大田区

加えて、荒川が呪術的効果を狙って、開削されたものであるなら、明治以降、この東京にも、都市計画に参加できるほどの力をもった呪術師がいたことになる。

いや、呪術師がいなかったなら、東京はなかったに違いない。

証拠となる物件はまだ出そろってないけれど、私はそう確信した。

東京は、呪術都市なのだ。

しかしここで東京の呪術師に果し合いを申し込むのは、早計というものである。その前にもうひとり、手合わせをしなければならない相手がいるのだ。

それは江戸の呪術師だ。

大江戸の魔を解き明かさねば！

大江戸魔方陣

江戸の鬼門

■消え失せた守護

都市計画は、すなわち呪術《じゆじゆつ》だ。

そして神社仏閣は、結界を作るためにある。

これが私に明かされた第一番目の真実だった。

四神《ししん》を捜していくはずが、まったく予想外の結果となった。だが、私としては、武蔵野の呪術師達の腕前を垣間見ることができて嬉しい。これで少しは安心して、この地にいられるというものだ。

四神探索の目的も、少なくともふたつは片づいた。青龍《せいりゆう》は時代の変遷とともに、隅田《すみだ》川《がわ》と荒川のふたつの流れに息づいていた。両者は結界の神々にうまくたづなを取られることで、時を隔てて生息している。そして西の東海道は白虎《びやつこ》の霊気を持ちつつも、やはり結界の神の手により調節、管理されている。

その結界の名は熊野。

武蔵野の呪術要塞はどういうわけか、紀伊という遠隔地にある熊野神社の神々に、護《まも》られているのであった。遠く隔たったふたつの土地が、どうして熊野をキイワードにして、結びついてくるのであろうか。それは謎だ。だがその謎を、今の時点で解き明かすことには、かなり無理がある。まだ駒が揃っていないのだ。

私は武蔵野の結界が、これだけで済むとは思っていない。神社が精密な法則にのって創建されているなら、それ以上に重要なポイントである皇城は、もっと複雑な護りをもって固められているはずである。

私はそれを解き明かしたい。——とはいえ、踏み込んでいくことに、恐怖がないといったら嘘だ。

呪術は解き明かされた時点で、力を失う場合もあるし、ヘタに種明しをすれば、今の東京の結界が崩れる恐れもあるからだ。東京破壊の一端に手を貸すなんて、本意ではない。しかし私はこの探求をやめようとは思わなかった。

はっきり言って、素人の私に解けるような呪術じゃ、この先どの道、東京の未来は明るいものじゃない。これを白日のもとに曝《さら》して、すべてが終わってしまうのならば、それが東京に課せられた運命であったということだ。

そしてそんな居直り以上に、私は武蔵野の呪術装置が、私ごときにその全容を現すなどとは思っていない。

この地には、絶対に解き明かせない仕掛が充分あるはずである。かりに私がその一端に触れたとしても、東京は揺らぐこともない。——揺らぐことなど、絶対にあってはいけないことなのだ。

武蔵野にいる呪術師達の絶大な力を信用し、私は調査を進めていきたい。

四神相応《そうおう》の次なる相手は、やはり江戸の呪術伝説、鬼門《きもん》ということになる。

江戸の鬼門の護りといえば、ちょっと詳しい人ならば「ははぁ寛永寺《かんえいじ》か★」あるいは「浅草寺《せんそうじ》★★のこと?」と、すぐに思い当たるであろう。確かに話題はそこに行きつく。しかし四神相応でわかったように、通説というのはとかく怪しいものなのだ。芯に事実があるとしたって、また二重三重の仕掛があるかもわからない。

私は一般の伝説を鵜《う》呑《の》みにする前に、もう一度それを検討することにした。

鬼門という言葉はいまさら、説明するまでもないだろう。方位を干支《えと》に当てはめて、丑《うし》と寅《とら》の方角にあたる艮《うしとら》＝東北を、風水では鬼門と呼んで魔の侵入路としているのである。

これも現代大陸の風水ではあまり論議されない。しかし四神相応同様、日本では今も重視され、トイレを作るな、清潔にしろ、と色々かまびすしいのである。

東洋では昔から方位に干支や五行《ごぎょう》を当てはめ、各々に意味をもたせている。

例を東にとってみよう。

この方角は、十二支に当てはめると卯《う》の方角となる。五行なら木性。八卦《はっけ》で見ると「雷天大壮《らいてんたいそう》」の卦となって、陽気強く万物生成の勢いをもった頭領の格。風水師はこの吉方を住居等にうまく用いることで、そこに住まう人間に現実的なリーダーとしての力を授けようとする。

その方角の名称をわかりやすいように図に起こしてみた。各々の方角の意味については……、申し訳ない。専門書を当たって欲しい。


ここでの問題は江戸の鬼門だ。

★寛永寺［かんえいじ］　徳川家光の時代、天海によって建てられた天台宗寺院。台東区上野にある。徳川歴代将軍のうち、四・五・八・十・十一・十三代将軍の菩提を弔う。盛時は七十もの堂塔伽藍を有したが、慶応四年（一八六八）の上野戦争でそのほとんどを焼失した。詳しくは本文参照。
★★浅草寺［せんそうじ］　七世紀頃、漁師の拾った観音像を安置し、創建された寺。大化元年（六四五）勝海上人が、現在の台東区浅草に堂宇を建立。夢告によって本尊を秘仏にした。現在は天台宗系の聖観音宗の寺院であり、子院は二十四を数える。詳しくは本文参照。

東京都地図を持っている方は、実際に広げて見て欲しい。寛永寺と浅草寺が、確かに鬼門――江戸城から東北の方角に二キロ弱離れて建っている。どちらも鬼門といわれているが、鬼門がふたつあるわけはない。いったいどちらが真実なのか。

まず、このふたつの寺がどうして江戸の鬼門といわれるようになったのか。私はその経歴を調べることから、仕事を始めた。

最近（一九九〇年代後半）出版された江戸学の本は、だいたいが寛永寺を鬼門と見ている。しかし少し前までは、江戸の鬼門は浅草寺であるといわれていたものだ。

この説は『御府内備考《ごふないびこう》』という古書に、ずばり「浅草は御城の艮《うしとら》に当たり云々」とあることからも、古くから支持者がいたらしい。

元となる資料は見いだせなかったが、こう断定して記すからには『御府内備考』が記された当時、すでに浅草寺鬼門説は一般的な認知事項であったと見ることが可能だ。

論拠は色々あるのだろうが、江戸城外郭三十六カ所の見附《みつけ》の極東・浅草見附の突き当りに寺が位置していたことが、関係しているようにも思える。初めは浅草見附の外側、江戸外にあったこの寺は、江戸拡張時に取り込まれ、境を護るようになるのだ。

浅草見附は平川《ひらかわ》上の浅草橋に設けられ、奥州街道の基点であった。奥州はそれこそ日

方位盤

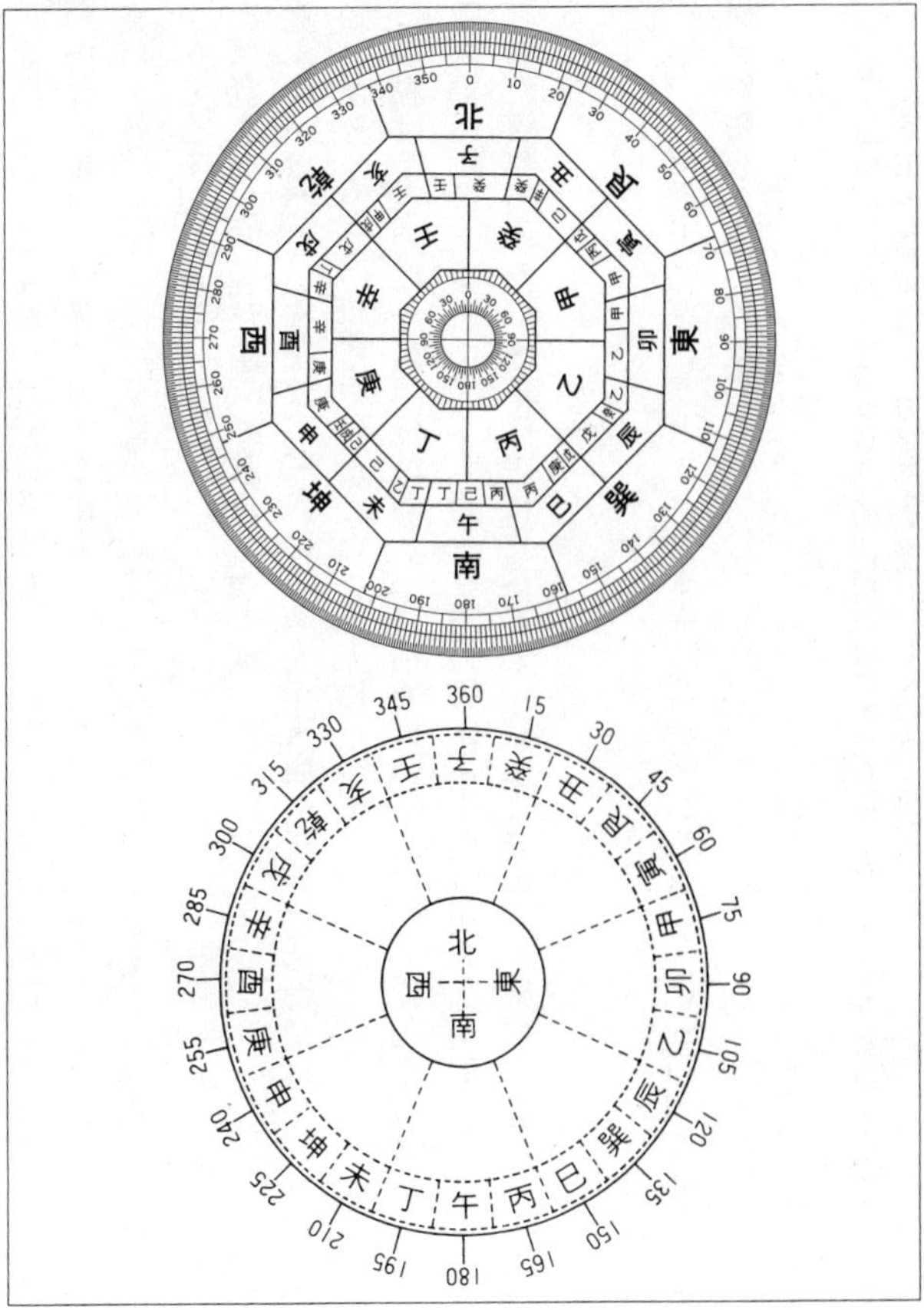

■下の方位盤
御堂龍児著
『地理風水　聖なる大地の霊力』
光人社より

本の鬼門に当たる東北の地だ。その街道に面し、なお江戸の際にあるこの寺は、外界と江戸内部の接点を守護するようにも見えたのだろう。

また、外濠《そとぼり》が元々は浅草橋から始まっていたということも、浅草寺鬼門説に一票を投じているとも思われる。

次に寛永寺鬼門説だが、これはもっと通りがいい。

寛永寺が鬼門という説は、三代将軍家光が天海僧正★の勧めを受けて、上野の山を鬼門と知ったその上で、建てられたという史実に基づく。

この説は歴史的にも裏づけがあり、京都の鬼門守護である比叡山《ひえいざん》にならってつけられた寛永寺の山号「東叡山《とうえいざん》」も、かなり説得力がある。寺史自体もしっかりしており、漠然とした資料しかない浅草寺説に比べると、寛永寺説の方が数段、分《ぶ》がいいように思われる。

近年、江戸の鬼門をいうとき、寛永寺の名が挙がるのも、こういった歴史的裏づけの差異が影響しているのだろう。

★**天海僧正［てんかいそうじょう］** 徳川幕府に参画した天台宗系僧侶。家康から家光の三代の将軍に仕え、東照宮創建などに力を尽くした。詳しくは本文参照。

MAP 6 《本丸鬼門Line①》

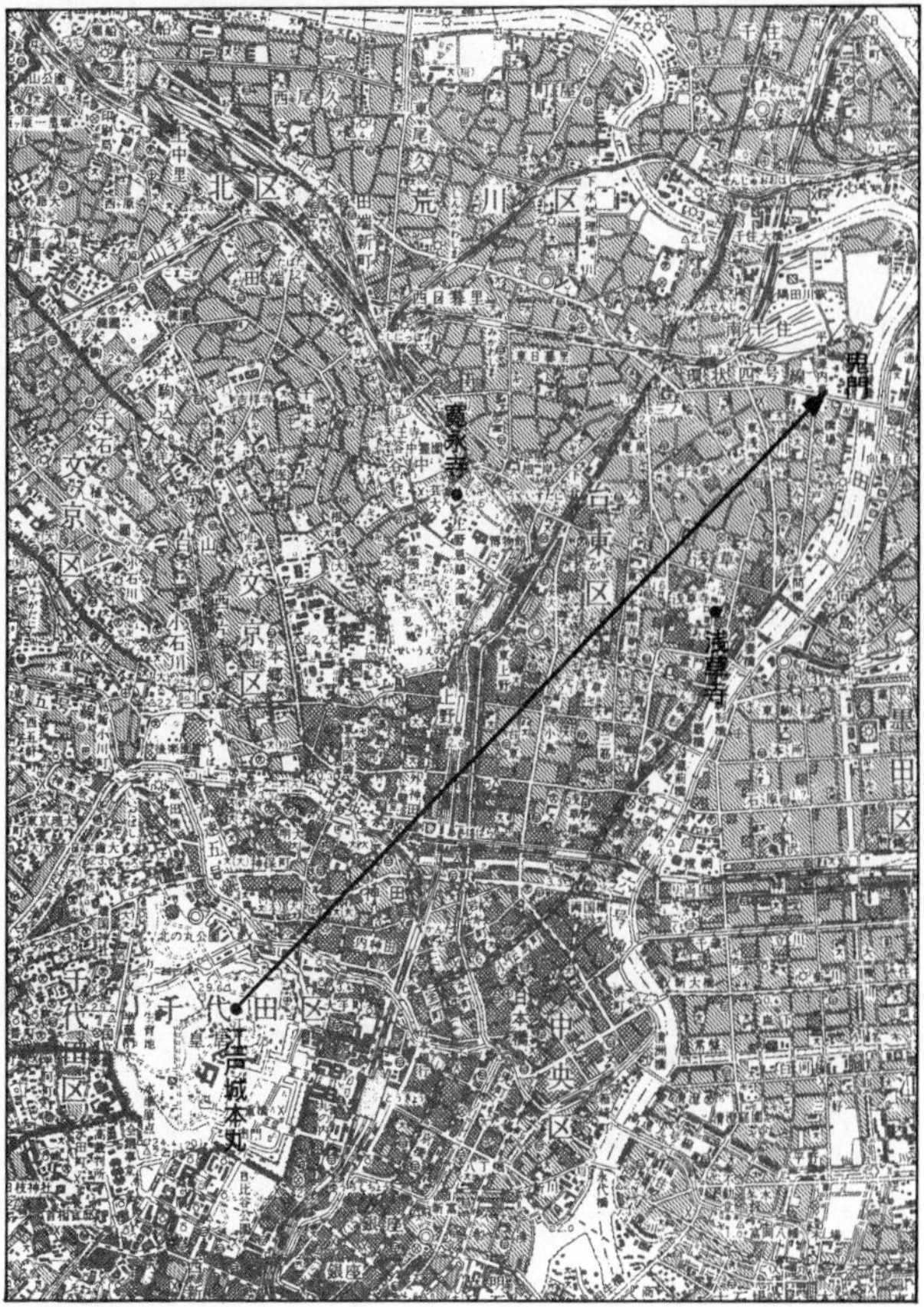

しかし――。ここでもう一度、地図を見直していただきたい。風水で場所を判断する際、大切なのは建物の中心を捜しだすことだ。鬼門も何も、その中心から測っていくのが常識である。

江戸城の中心はいうまでもなく、城の本丸の中にある。ここは現在、東御殿《ひがしごてん》といわれる地域で、皇居の中で一般に開放されてる場所だ。

今、そこに方位分度器を置き、東北の方にまっすぐに線を引いてみて欲しい。果してそのラインの上に、寛永寺が乗っているであろうか。浅草寺が乗っているであろうか？

両方とも、外れているのだ。

ふたつの寺は本丸の鬼門といわれる線上の、まったく鼻先もかすりもしない場所に位置しているのであった。

こう記すと、読者の中には、「何百年も前の人間が、そんな方位を正確に出せるはずがないだろう。昔の江戸の地図を見ろ。方位なんて適当で不正確極まりないじゃないか」そう言う方も出てくるだろう。

確かに近代、明治以前の江戸の古地図は曖昧で、なかには無理矢理浅草寺を鬼門に描くものまでもある。しかし私達はすでに、西の熊野結界の正確さを見てきたはずである。

そして一方では、古代の人が正確に夏至《げし》や冬至《とうじ》を割りだし、ある法則に基づくレイラインと言われる線を、地形図に引くのを知っている。

例えば、小川光三氏の発見で注目を浴びた「太陽の道」というラインがある。

これは日本の北緯三四度三二分の東西ライン上に、東の伊勢神宮から西の淡路島の伊勢の森まで、神社や遺跡が平均二・八五キロの間隔で並ぶというものだ。

この事実は、テレビで取り上げられるほどの話題となったが、祭祀《さいし》場所としての伊勢神宮の創建は、紀元前に遡る。江戸時代の比ではないことは、言葉にするまでもないだろう。

古代史関係を漁《あさ》っていくと、現在では解明不可能な高度な知識や技術の跡が、多々見えてくるものだ。時代が下るにしたがってその技術が喪失していく様をたどっていくと、現代人の頭の程度に何の期待も持てなくなる。

方位術もそう考えて、時代と共に正確さを失ったと見る向きもある。

だがここでもうひとつ考えてみたいのは、私達――いわゆる、一般庶民の前に提示される知識・史実が、すべて正確で百パーセントのものだとは限らない、ということだ。

日本には口伝《くでん》というものがある。真実最重要の知識は、それを理解する頭を持たない一般人には隠されるのだ。まして封建色の濃い江戸で、防衛上からも正確な市街図を公開することは、危険であったに違いない。

(江戸の地図は故意に不正確に作られたのではないのだろうか?)

私はそう考えた。だとすると、流布された情報自体、虚偽である可能性がある。

つまり浅草寺にしろ寛永寺にしろ、鬼門であるということ自体が、嘘ではないかと思われたのだ。

それを確かめる術《すべ》はないのか。

私は積まれた本の中から、ふたつの寺の資料を漁り、アレコレ頭を悩ませた。

■鬼門はどっちだ

記したように、正確な地図を明らかにするのは、防衛上かなりなリスクをダイレクトに負うことになる。その危険を考慮して、地図に疑いをもったわけだが、元々幕府がそのことに無防備だったわけじゃない。

家康の江戸入り後、寛永《かんえい》九年(一六三二)までの四十三年間、江戸の地図は一枚も残っていないという話だし、残されている古地図にも江戸城内は描かれていない。

江戸は現在にも劣らない情報都市であったといわれる。地方の人間が絶えず流入し、ありとあらゆる情報ガイド、グルメガイドまで出版されていたこの時代、地図の需要は

《太陽の道》

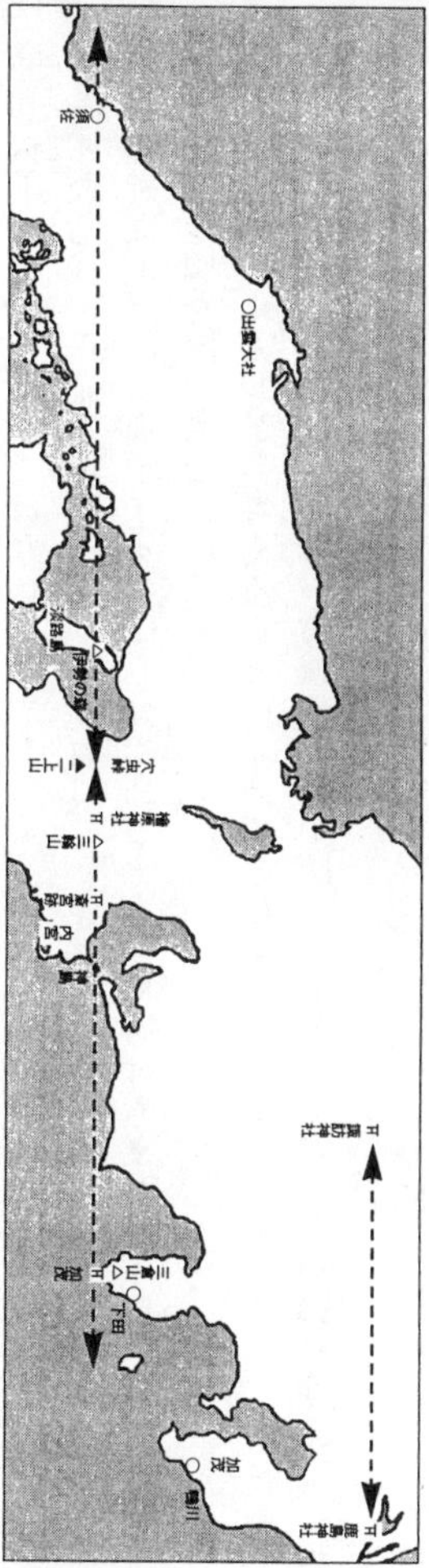

小川光三著
『増補・大和の原像』
大和書房より

■本文でも説明したように、レイラインとは古墳や祭祀場が一本のラインで結ばれるという法則に基づいた線をいう。イギリスにおいて最初に発見されたポイントがすべて、地名のうしろにレイがついていたことから、レイラインと命名された。イギリスではこれに関する専門誌まで発行され、ラインをつくるポイントも霊的な史蹟のみならず、消火栓や郵便局の位置まで、この方法で考察された。笑い飛ばしてしまいそうな意見だが、これは実は日本においても異なった形で応用され、大きな問題をはらんでいる。続編『東京魔方陣』を参照されたい。

小川光三氏が発見した『太陽の道』は、日本のレイラインの一例である。このラインは北緯三四度三二分の東西線上、七百キロにわたって、神社とその関連史蹟が並ぶという壮大なものである。解釈の仕方は色々あるが、私見をいうなら、下の長いラインは古祭祀場を結ぶと同時に加茂・三輪山・須佐といった雷神、蛇神的性質をもつ神々で括られていると思われる。上のラインにある鹿島・諏訪両神社はともに龍蛇伝説をもつと同時に、天孫系の神々に出雲を譲るよう交渉し、出雲に圧力をかけた神（＝鹿島神社）と、出雲の神集いにでかけない、出雲から疎害された神（＝諏訪神社）を結ぶという、不可解な要素をもっている。

予想以上に多かったのではないかと思う。

そんな時代に正確な地形図を隠蔽《いんぺい》すれば、かえって民衆の不満を生むことになる。しかし正確な地形図を提示するのは厄介である……。幕府は考えた末、江戸城内の様子だけ隠した地図を流布させたのだ。

その図を見た人間が、考えることは想像できる。

「一般の目に触れてはいけないお城の大事が隠してあるんだ。この地図はゆえに、正確なものであるに違いない」

幕府はそんな感情を見越し、逆手にとって、情報操作をしたのではないのだろうか
……。

ここまで言うとうがち過ぎだが、わざわざこんなことを書いたのは、実はこの情報操作のやり方、呪術《じゅじゅつ》的な点から見ても有効な防衛手段だからだ。

先ほど、浅草寺を鬼門《きもん》として描いている地図もあると記した。情報操作の真偽はどうあれ、当時この地図を見た人間は当然、浅草寺のある場所が、地図どおり江戸の鬼門にあると認識したに違いない。

呪術は一面、人間の意識操作によるところがある。街頭で見かける占いに、筮竹《ぜいちく》を使った易占《えきせん》があるが、その回答となる六十四卦は万物を表すといわれ、ひとつひとつに実

MAP 7 《江戸古地図》

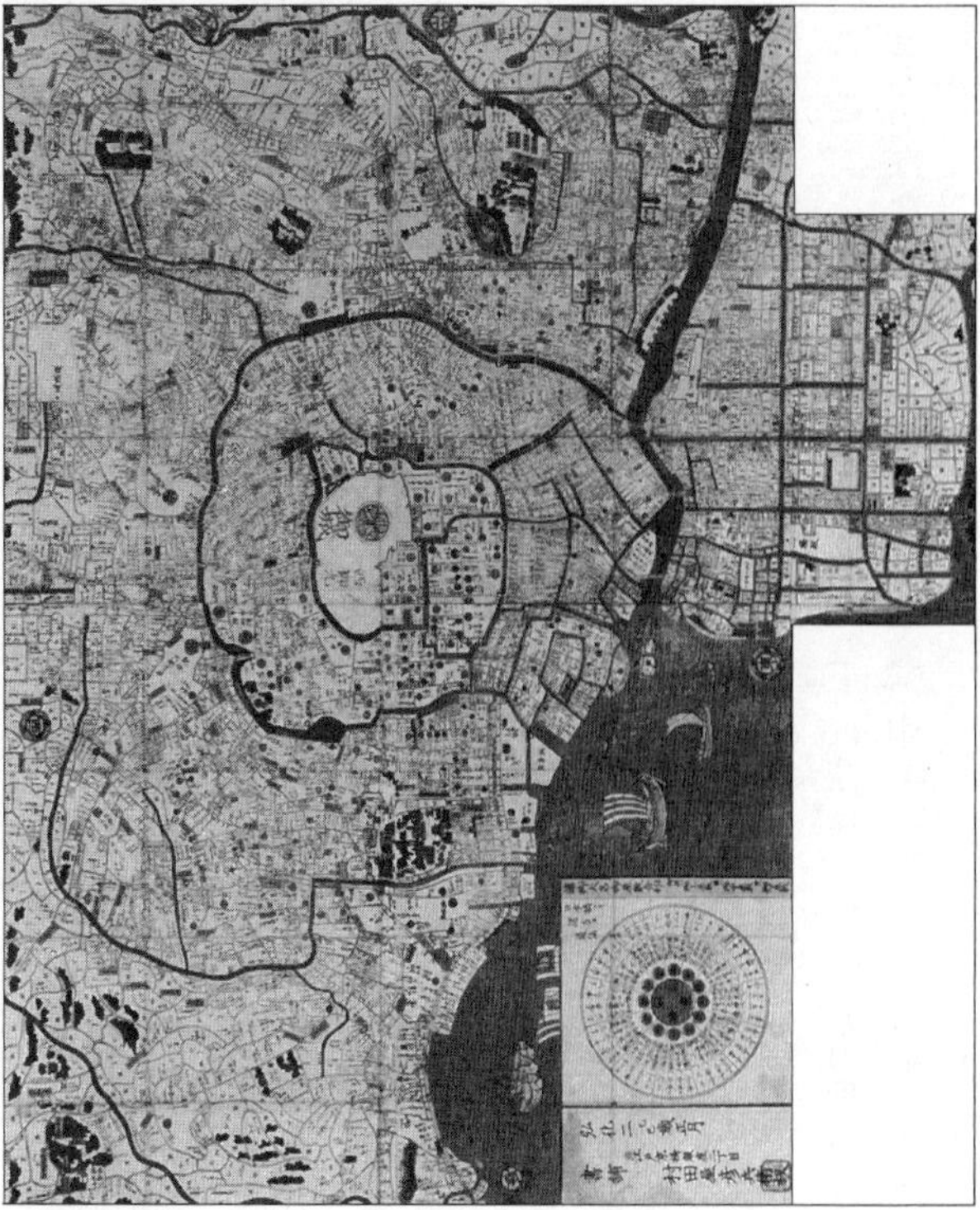

今井金吾氏所蔵

に多くの解釈と象意《しょうい》が与えられている。

見者は問題を見極めて、出てきた卦の象意の内から適切な答えを導くのだが、見者の問題への理解力・霊感に頼るこの占いは、同じ卦から異なった結果を生むことが往々にしてある。

つまり同じ問題を抱えた人物をふたり観て、同じ卦がそこに出てきても、占い師の告げる回答が同じものとは限らないのだ。

これは易占だけでなく、西洋占術のタロットカードや夢占いでも同様である。

しかし、とはいえ、このことは別に占いの信憑性を貶めることになるわけではない。

占いの結果は「解く者の言葉にしたがう」ものなのだ。

もちろん、この言葉は占者自身がきちんとした力を持っている場合にのみ、適用される。だが、これ自体を言霊★による一種の呪術と考えてみることも不可能なことじゃない。

意識操作とも言えようか。

たとえ占いの結果自体が、口から出た時点では虚偽を含んだものであっても、被見者がそれを信じることで虚構は真実に変わるのだ。

ここで摩訶《まか》不思議な実例をつらねることは控えるが、呪術の世界で力を持つのは科学的な真実ではなく、信じられる――意識の中で、信じられている事実なのである。

かなり回り道になったが、呪術的真実の構造が、少しはわかってもらえただろうか。

つまり、浅草寺を鬼門の位置に描いた地図は、見るものがそれを信じた時点で「真実」としての意味をもつのだ。そして浅草寺はそうすることで、地図的な真偽を超越し「江戸の鬼門守護」として、実際的な霊力を帯びていたとも想像される。

今、かりにこれを事実とすると、幕府が何故そんな小細工をしたかが問題になってくる。

浅草寺は敵から城を護《まも》るための要害ではない。地図が不正確であると言っても、西を東と描いてあるわけでなし、大騒ぎするのも不自然だ。

そこで。再び鬼門の意味が、問題の鍵になってくる。

鬼門というのは文字どおり、鬼の入ってくる方角であり、家の安寧《あんねい》を図る方位術では、最大の弱点ということになる。

ゆえに家相では特別な注意を払って鬼門を封じ、不吉を回避するのだが、その家を攻める側からすると、鬼門は一番つけ入りやすく、攻めやすい場所ということになる。

ここで想像してみよう。

もしも自分がオカルティックな力を持った、一種の戦術家だったとしたら、自分の城

★言霊［ことだま］　呪力をもった言葉。言葉を発すること、あるいは沈黙することで、一定の呪術的効果が上がると考える。祝詞や経文、真言などもその類。

を建てる際、わざわざ鬼門を明らかにして吹聴して回るだろうか。それよりも弱点から人目を遠ざけ、その上で鬼門の護り自体を鉄壁にするのではないであろうか。

結論を急ごう。私は浅草寺は、江戸に対する呪術的攻撃に備えるための、一種のデコイだと考えたのだ。

オカルト小説じみた理屈が続くが、我慢して欲しい。

万が一、江戸城が霊的な攻撃を受けることになったとしよう。その敵は偽の情報と意識操作で作りだされた「真実」により、江戸城の弱点＝鬼門となった浅草寺を突こうとするに違いない。

しかし意識の中の真実は、からくりを知る施術者達には虚偽の意味しか持たないものだ。施術者である徳川幕府は、その攻撃には何の痛みも感じないということになる。

もちろん、おとりがスケープゴートにされる可能性は残っている。が、それすらも、浅草寺自身がそのからくりを知っていれば回避は可能だ。

浅草寺は江戸城を護るための重要な影武者だったのではないか。私はそう考えたのだ。

この説が信憑性を帯びるか、はたまた荒唐無稽な妄想に堕すかは、幕府が実際どの程度、都市計画に呪的方法を用いていたかにかかってくる。しかし現時点では、まだその仕掛は見えてない——。

その答えが導かれるまで、このたびの答えは各人の想像に預けておくことにして、取り敢えず今の時点では、「浅草寺は実測上の鬼門ではない」、それだけを、方角上の真実として、確認しておくことにする。

では。浅草寺がこじつけなしでは鬼門として成立しないなら、軍配は寛永寺《かんえいじ》に上がるのか。

話が堂々巡りになるが、それも方位から見ると不適切であることは、浅草寺となんら変わりない。寛永寺もまた鬼門を示す方位の上には乗ってないのだ。

しかしここは、江戸城の創建と密接に関わる寺だ。

藤堂高虎《とうどうたかとら》は江戸城の縄張り（＝設計）を行った武将として有名だ。しかし彼が幕府に仕えた僧侶、天海に帰依《きえ》し、寛永寺建立《こんりゅう》の最大の協力者であったとは、今回資料を漁《あさ》るまで、私はまったく知らなかった。

資料によると江戸城普請当時、上野の山には高虎の江戸屋敷があったのだという。彼はその地が江戸城の鬼門に当たるのを知って、みずから幕府に、この場所が天海に下賜《かし》されるよう、働きかけていたというのだ。

つまり江戸城建築時から、設計者は鬼門を意識して、設計者自身によって、寛永寺は鬼門守護として、認識されていたことになる。

――さて、そうなると手詰りである。

江戸城を設計した本人が寛永寺を鬼門と言うのなら、いくら方位が違うと言っても、どちらに分《ぶ》があるかは明白だ。

やはり江戸の測量術は適当なんだと、簡単に匙《さじ》を投げてもいいのだが……。結論を出すのはまだ早い。せっかく定規がそばにあるのだ。ふたつほど検証してみよう。

そのふたつとは、

① 江戸城本丸から正確に艮《うしとら》を測って、方角に基づいた鬼門の守護を見いだす。

② 寛永寺・浅草寺を鬼門と見て、その守護するものを探り当てる。

これで法則がなければアウトだ。しかし私はそんなこと――、江戸が曖昧な呪術しか知らないなんて、信じていない。

なんといっても花のお江戸は、四百年も続いた都だ。それが壁も濠《ほり》もなく、邪霊を受け入れているものか。その呪術防護策たるや、半端なものではないはずである。

（きっと複雑怪奇な呪術を、奴らは用いていたはずだ）

浅草寺も寛永寺も、鬼門ではない。それならば、どこかに隠された真実の鬼門守護が、きっとある。

（絶対に解き明かしてやる！）

私は新たな決意を固めた。

■真実の鬼門を見いだせ

まず、①の問題である。

「江戸城本丸から正確に艮《うしとら》を測って、方角に基づいた鬼門の守護を見いだす」作業だ。

赤坂の一等地に日枝《ひえ》神社という、山ひとつ抱えた神社があるが、ここはみずからを「皇城《こうじょう》の鎮《ちん》」と名乗ってはばからない。

大きな神社で、鳥居を潜《くぐ》ると鬱蒼《うっそう》とした木々が気持ちいい。この都会のまん中に、これだけの神社が堂々と残っているということは、その分だけここが重要なポイントであるという証《あかし》である。

私は柏手を打って「皇城の鎮」に挨拶をした。

ここの神社は鎌倉の初期、江戸氏が江戸館の中に祭ったのが初めといわれる。その後、太田道灌《おおたどうかん》★が川越山王社《かわごえさんのうしゃ》を再勧請《かんじょう》して、江戸城守護の本格的な役割を担わせたと、由来に

★太田道灌［おおたどうかん］一四三二〜八六。扇谷上杉家の執事。初期の江戸城の設計をした人物。文武に秀で城内に文芸サロンというべきものまでもっていたが、のち、主君によって暗殺される。

はある。

徳川もここに敬意を払い、特別の配慮を施している。ここの祭りは神田明神《かんだみようじん》の祭礼とともに「天下祭り」と称されて、その御輿《みこし》はナント江戸城内に入ることをも許されたのだ。

江戸氏、太田道灌、徳川。つまり三代の江戸城城主に、この神社は並々ならぬ崇敬を受けていたのであった。

赤坂に社殿が移されたのは明暦の大火★によってのことだが、立派な社はまるで皇居を遠望するかのようである。

私は広い境内を落ちつきなく徘徊しつつ、ふと天沼八幡《あまぬまはちまん》の由緒書を思い起こした。確かあそこの由来の中に、日枝神社の名があった気がする。そのときは関係ないと思って、気に止めなかったのだけど……。

「――なお、境内末社の日枝神社はその昔、天沼村が江戸時代に赤坂の日枝神社の社領であったため、旧村から末社として、この地に奉斎された」

帰って由緒書をひっぱりだすと、こんなことが書かれてあった。

皇城の鎮と結界の重要地点が奇しくも重なる。天沼八幡は西方の呪術要塞で、熊野神社の肩代りをした神社であった。そこが皇城の鎮を名乗った日枝神社の管轄であるとは、興味をそそられる。あの八幡のポジションが、ひとつ見えたわけである。

（しかし、だとするとこの皇城の鎮、ただのカタリじゃすまされまい）

名乗るだけのもの、見せてもらおう。

私はかなりくたびれてきた地図を、またもや部屋に広げた。

皇居から当時の本丸の位置を割りだし、定規を当てる。

ここで改めて、調査ポイントとしての本丸の位置を確定しておく。江戸城の本丸自体、かなりな面積をもっているので、すべてを許容範囲とすると、仕事が雑になってくる。そこで風水《ふうすい》の理論にしたがい、私は江戸城の中で最も公かつ重要な場所――書院をポイントとすることにした。

以後、本丸と記したときは、断わり書きのない限り、この場所を示すと思って欲しい。

その鬼門を出すにあたって、八十一ページにある方位盤が活躍することになる。

今一度繰り返すが、鬼門の方位は測定ポイントの中心から、東北に延びる線上にある。

ただ方位盤にあるとおり、三六〇度を東洋の方位に基づく二十四方位に分割すると、ひとつの方角は一五度の幅を持つことになる。これではいかにも曖昧なので、以下に検討する際は、その方角の中心角度（鬼門の艮《うしとら》では真東北）を第一の条件に考えていくこ

★明暦の大火［めいれきのたいか］ 明暦三年（一六五七）の江戸大火。「振袖火事」の異名をもつ。江戸全市の五十五パーセントが燃え、江戸城も類焼。死者は十万人を超えた。

とにする。

　そして一方位の範囲内だが、直線ラインからはそれるといった社寺等については、第一の条件を満たすものがなかった場合に、由来等検討した上で、取捨選択することにした。

　そのことを条件として、本丸に方位盤を置き、東北と裏鬼門★である南西にラインを引いてみる。

　じりじりと線を引っ張ると、なんと線上に狂いなく、日枝神社が乗るのが確認できた。

　日枝神社は江戸城の正真正銘の南西方向——裏鬼門に位置していたのだ！

　みずから城の鎮めを名乗る神社が、江戸城の守護線上にある。

　この事実は私にとって、力強い味方となった。しかも日枝神社の祭神である大山咋《おおやまくいの》命《みこと》とは、幕府と関わりの深い天台宗・比叡山の地主神★★だ。

（やっぱり江戸は、正確な方位を測る術を持っていた……？）

　勢いづいてラインを延ばすと、その上にやはりしっかりと、いくつかの社寺があるのが見つかる。そしてそれは本丸を射抜き、鬼門方向にまで延びていっているのであった。

（やった！　これが鬼門ラインだ！）

　私は手を打ったが、出てきたラインをそのまま鵜《う》呑《の》みにすることに、ふとためらいを覚えてしまった。果してこれを必然と言ってしまってもいいのだろうか。

直線はふたつの点を結ぶと成立するものである。もちろん引かれたその線自体、無数の点から成り立つもので、それが地図の上ともなれば、神社仏閣のみならず、道路や住宅が数限りなく、その上に位置することになる。その中でたまたまいくつかの社寺がラインに乗ったからって、それをすぐさま関連づけて見るのは早計というものだ。

前章の熊野神社と違い、これらの神社の名前から、統一性は見えてこない。何の共通点もなければ、これらはただのお隣さんだ。

偉そうなことを言いながら、江戸の呪術操作を誰よりも疑っているのは、私自身だ。私は、ラインの上にある社寺に関連性があるのかどうか、現地に赴いて実際に歩いてみることにした。

以下、そっけない箇条書だが、その結果を表1にまとめてみた。

★**裏鬼門**［**うらきもん**］東北の表鬼門に対して、南西の方角をいう。風水において凶とされる方角は、その他、北西（＝乾）、東北東などがある。鬼門を含め、これらの方角は皆、凶意の強い半面、霊的な物質の通り道としても解釈される。
★★**地主神**［**じぬしのかみ**］土地を支配する神のこと。社寺の創建以前、その土地に鎮座していた神をいうことが多い。本殿に合祀される場合もあるが、大概は境内神社に単独で祭られている。

表1《鬼門ライン：社寺一覧》

●鬼門ラインの上の社寺
――本丸から鬼門（赤坂の日枝神社とは逆側）に向かうライン上の社寺

矢先稲荷神社　台東区松が谷二丁目
祭神……宇迦之御魂命（ウカノミタマノミコト）
由来……徳川家光が当地に三十三間堂を建立した際の鎮守。神像は天海上人の寄進といわれる。三十三間堂は元禄の大火で焼失したが、稲荷は当地に残る。尚、現堂宇は戦後のもの。

日枝神社　台東区西浅草三丁目
祭神……大山咋命（オオヤマクイノミコト）
由来……元々は現丸の内常盤橋付近にあった天台宗寺院の境内に祭られていた。家康江戸入りに従って日本橋に移った後、明暦の大火によって再度、この地に遷座した。

石濱神社　荒川区南千住三丁目
祭神……天照大御神
境内神社……真先稲荷（豊受姫神　トヨウケヒメカミ）江戸神社（素戔嗚尊）など七社あり。
由来……神亀元年（七二四）に鎮座の旧社。源頼朝が奥州征伐のときに祈願。また蒙古襲来時には官幣を奉納したという由緒をもつ。現地には昭和二十九年に移動。地図と異なり、現在はラインから外れていた。

天祖神社　葛飾区堀切三丁目
祭神……天照大御神
相殿……誉田別命（ホンダワケノミコト）　菅原道真公
由来……永万元年（一一六五）に伊勢神宮から当地の守護神として勧請。相殿の八幡宮は宝徳元年（一四四九）千葉氏の傍系が武運祈願のために勧請。

●裏鬼門ラインの上の社寺
――本丸から裏鬼門に向かうライン上の社寺

日枝神社　千代田区永田町二丁目
祭神……大山咋命

相殿……国常立命（クニトコタチノミコト）　足仲彦命（タラシナカツヒコノミコト）　伊弉冉命

由来は別記。

（神社名不明）　港区西麻布一丁目。青山霊園の南

地図にマークはあるが消滅。

恵比寿神社　渋谷区恵比寿四丁目

祭神……国常立命　豊雲野神（トヨクモヌノカミ）　角杙神（ツノグイノカミ）　意富斗野地神（オオトノジノカミ）

伊弉諾命　伊弉冉命　事代主命（コトシロヌシノミコト）

通称第六天神社。

由来……由緒、鎮座年ともに不明だが、元々は氷川神社の境外末社であったらしい。

正覚寺　目黒区中目黒三丁目

日蓮宗

由来……元和五年（一六一九）、日栄上人によって開かれる。伊達家との関係が深く、十一代将軍家斉が江戸城内で帰依していたという日蓮上人像がある。

※尚、この寺のすぐそばに八幡神社（目黒区中目黒三丁目）があるので、それの由来も調査した。明治の神仏分離令に従って、多くの社寺が敷地を分けたり、隣に移動したりしている。それによってポイントがずれている危険性もあるので、隣りあった社寺には特に注意を払う必要がある。

だが調べるとこの中目黒八幡神社は正覚寺とは関係がなく、上目黒の方の寺と関わりをもつことがわかった。ただ『新編武蔵風土記稿』によると、もとは五十坪の土地をもち、その鳥居は東北を向いていたと記されている。

つまり、玄関が本丸を向いていたことになるのであった。確証は取れなかったが、可能性として裏鬼門ラインの上に位置していたと見ることもできると思う。

厳島神社　目黒区碑文谷六丁目碑文谷公園内

祭神……市杵嶋姫命（イチキシマヒメノミコト）

由来……創立は戦国時代と古い。現碑文谷公園内の池の中の島にあり、一般には弁才天として祭られ、信仰されている。

日枝神社のある裏鬼門の方角は、日枝神社を江戸城に最も近い神社とし、碑文谷池《ひもんや》の厳島《いつくしま》神社を終点とする。一方鬼門は、松が谷二丁目周辺の寺溜りを至近の護りとし、堀切の天祖神社を終着点に持つという図式が見えてきた。

加えて、鬼門ラインの上の社寺はすべて、東京や千葉や神奈川といった、かつての武蔵野の為政者達——徳川、頼朝、千葉氏に所縁《ゆかり》を持つもので固められていた。

つまりここは武蔵野治世者ラインというべき線だったのだ。そして江戸城の真の鬼門は、二重三重もの要塞をもって、まさに「皇城の鎮」として配置されていたのであった。

しかもこのラインには、もうひとつ驚くべき事実があった。

この鬼門・裏鬼門各々のラインの終着点から本丸までの直線距離が、まったく等しい長さなのだ！

発見したときには、緊張と同時にかなりゾッとした。熊野のときも同様だったが、こんな答えが出てくるなんて、調べている本人も、思ってもみなかったことである。

(どうしてこうも、きっぱりとした答えが出てきてしまうワケ!?)

ますますもって、抜き差しならない深みにはまるではないか。だがこれが偶然でないのなら、浅草寺と寛永寺の鬼門説も、漠然とした伝説では済まされないことになる。

「皇城の鎮」と言われる場所が、しっかりと江戸城を護《まも》っているのだ。鬼門といわれる寺もまた、鬼門でなくては納得いかない。

MAP 8 《本丸鬼門Line②》

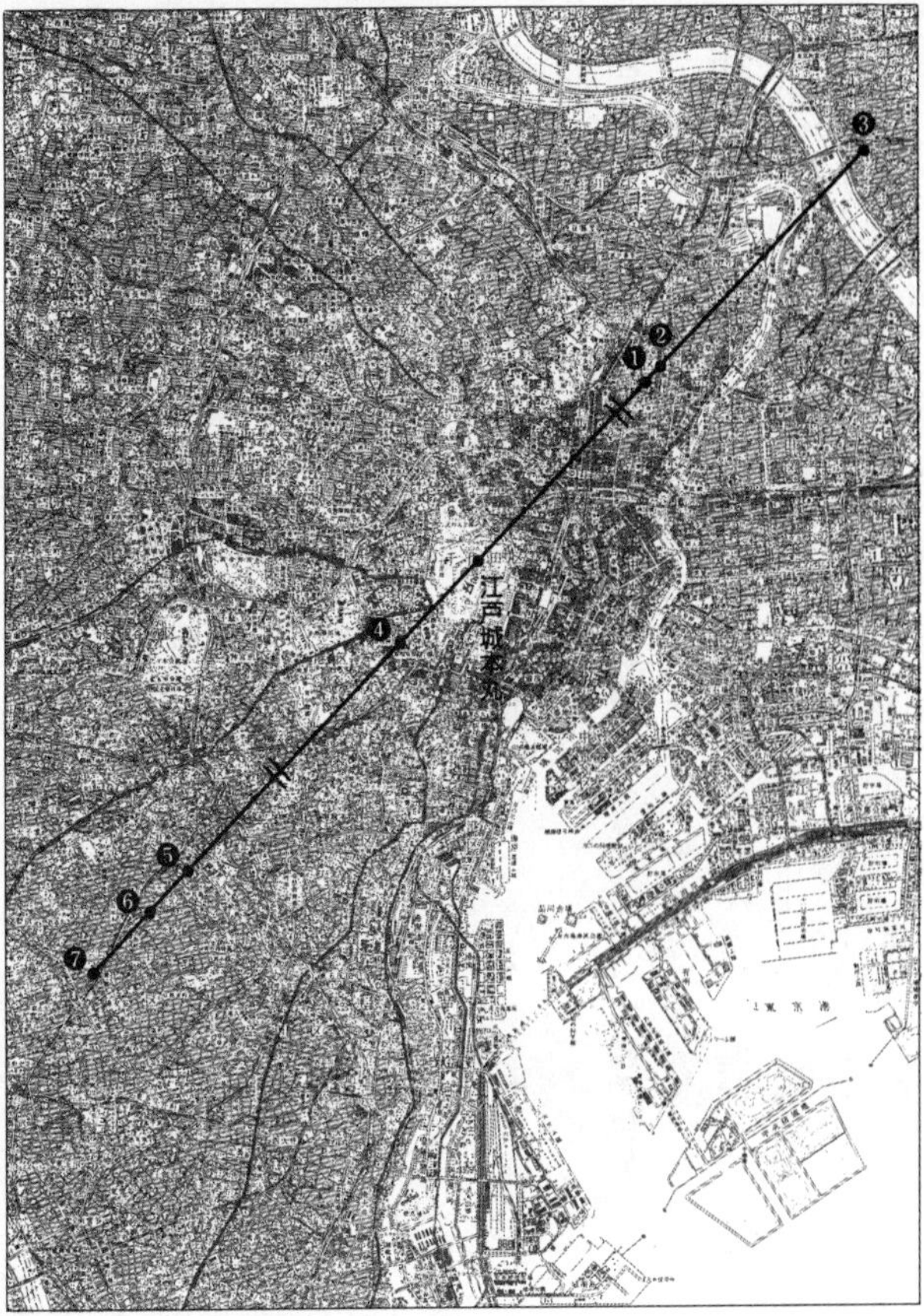

●鬼門ライン上の社寺
①矢先稲荷神社　台東区松が谷二丁目
②日枝神社　台東区西浅草三丁目
③天祖神社　葛飾区堀切三丁目

●裏鬼門ライン上の社寺
④日枝神社　千代田区永田町二丁目
⑤恵比寿神社　渋谷区恵比寿四丁目
⑥正覚寺　目黒区中目黒三丁目
⑦厳島神社　目黒区碑文谷六丁目碑文谷公園内

そりゃあ、鬼門といわれる場所がいくつもあっては困るけど、これだけ騒がれている場所だ。日枝神社クラスのポジションは確保していただきたいではないか。

浅草寺と寛永寺が「鬼門」を名乗る理由は何か。

それを検証するために、私は第二の課題——両寺が鬼門守護をするポイントを逆探知することにした。

■守護ポイントを探査せよ

寛永寺または浅草寺を鬼門とする場を捜すには、ふたつの寺から鬼門と逆＝裏鬼門にあたる南西に、ラインを引けばいいことになる。

社寺の中心となるポイントは、可能な限り本堂あるいは本殿の位置にくるようにした。では第一に、鬼門としての説得力を持っていた寛永寺から見ていこう。

再び地図につっぷして、裏鬼門の方角にラインをまっすぐ延長してみる。その線は、飯田橋・四谷を抜けて、神宮前でひとつの神社のマークの上を通過した。一瞬力が入ったが、しかしラインを延長しても、それ以上のポイントはない。

渋谷区神宮前に位置する——以前、お目にかかった熊野神社だ。

改めて由来を確認すると、ここの神社は元和《げんな》五年（一六一九）、徳川頼宣《よりのぶ》が自宅に紀伊から勧請《かんじょう》してきた神霊を、正保《しょうほう》元年（一六四四）に現地に遷座。紀州徳川家の祈願所となった場所だった。ここも徳川家に直接の所縁《ゆかり》をもった神社であるのだ。

しかしここの熊野神社は、速玉《はやたま》系の結界の神を祭ってはいない。とはいえ、他の熊野における主祭神の姿も見えず、五十猛命《いそたけるのみこと》・大屋津姫命《おおやつひめのみこと》・抓津姫命《つまつひめのみこと》、加えて伊弉諾命《いざなぎのみこと》といった神々が祭られているのであった。

熊野神社の名を借りながら、他の神様がいるなんて、怪しい。不審に思って調べてみると、これらの神は三柱とも、伊太祁曽《いたきそ》神社の祭神と合致するというのがわかった。

この神社は和歌山にあり、近くにある日前《ひのくま》神社の分家だという話であった。地理的には熊野とけっこう近いが、だからといってヒノクマをクマノと間違えたわけではあるまい。しかし、ふたつの神社の間に関係性は見いだせない。

ちょっと気になる場所ではあるが、今は措いておくしかなかろう。話がずれるというのもあるし、どっちみちポイントが一点のみでは、ここと寛永寺の繋がりは偶然の範囲から出ていない。

私はいったん答えを保留し、次の鬼門候補地である浅草寺を見ることにした。

寛永寺と同様に、南西に線を引いてみる。

今度のラインは寛永寺より、皇居を挟んだ南寄りの地域を通ることになる。

ラインは皇居の内濠《うちぼり》にある大手門と二重橋を掠めるように通過して、目黒区の方に延びていく。その線を辿ると、神奈川の手前——今度は地図上、ふたつの神社を正確に横切っているのが見えた。

ひとつは六本木の交差点の鳥居マークで、残りはまたも顔見知り、自由が丘の熊野神社だ。寛永寺より数こそ多いが、これも偶然か否かは断定できない。

何故ならこのラインでは、寛永寺・浅草寺両寺とも、鬼門守護としての理由が、全然説明できないからである。

鬼門となる社寺は、一建物の守護として機能するはずだ。だがこのラインを認めた場合、被守護物となる建築自体が、霊的な意味を持ってしまうのだ。

つまり神社と寺が互いの鬼門を、持ちつ持たれつ守護するというほほえましいことになるのだが——こんなことがあるのだろうか。

(それも江戸鎮護の上で重要な役を担う寺が、はっきり言ってインパクトのない神社を護《まも》っているなんて)

これではどうにも歯切れが悪い。さっき、ラインの正確さに恐れを抱いてしまったゆえに、謎の答えが機嫌を損ねて、地下に潜《もぐ》ってしまった感じだ。しかも嘆かわしいことに、このラインからは、その是非を問うことすらできないのであった。

何故かというと、六本木にあるべき神社が消失していたからである。

MAP 9《寛永寺・浅草寺鬼門Line》

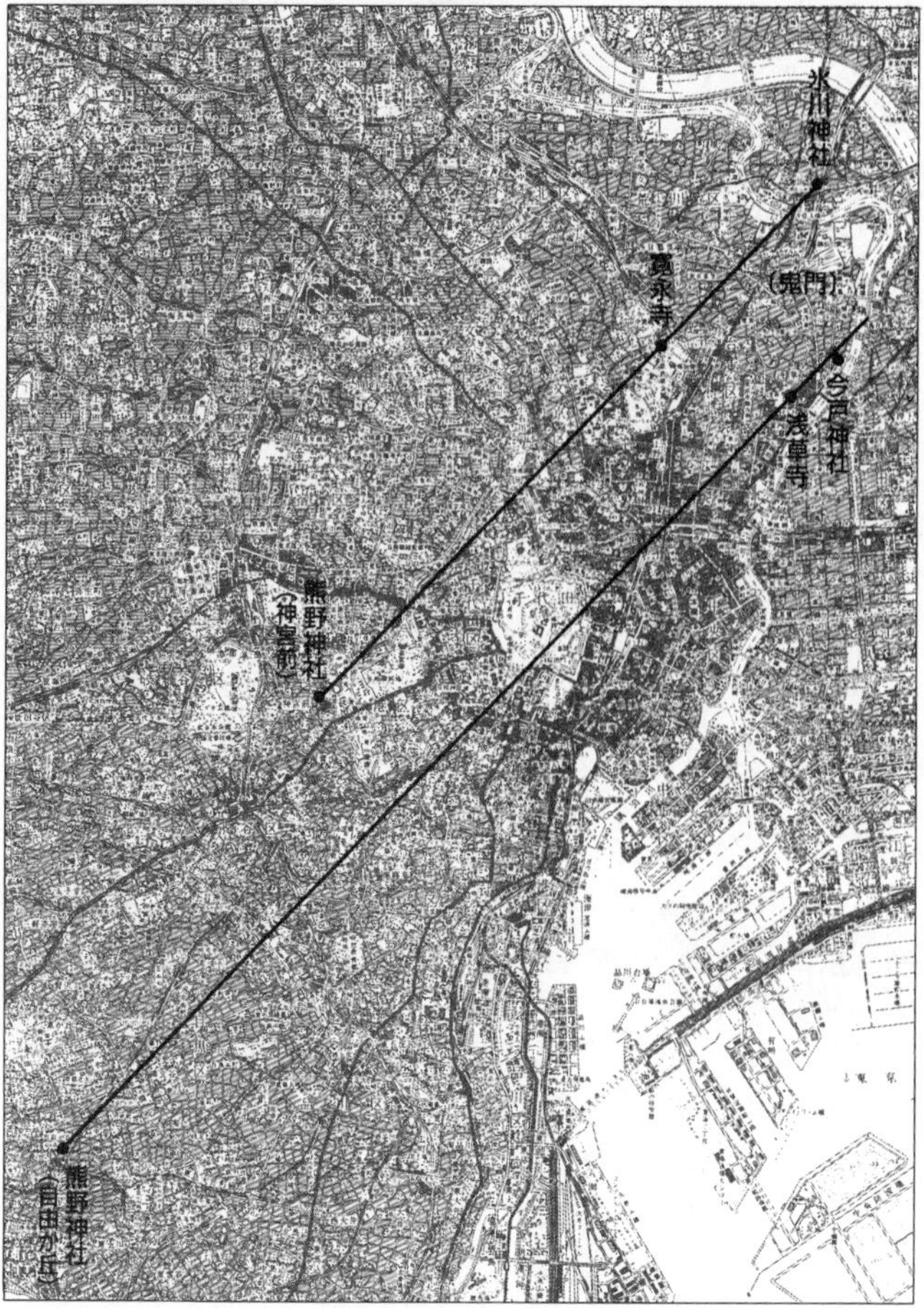

移動したのか何なのか、理由は不明だが、ないものはない。以前ここに神社があったことだけはどうやら確からしいが、何という名の神社であるのか、ついに確認はできずに終わった。

私の仮説があっているなら、ここは浅草寺の裏鬼門を護る役目を負った神社だ。鬼門の謎はまだ解けないが、場合によっては、ここの神社の消滅は、結界を弱めることになる。

なんとも不安になってくる。しかし神社の消滅は、ここに限ったことじゃない。

確か本丸の裏鬼門にも、不明の神社が存在していた。そしてたぶん、この先も消失している神社や寺院が現れてくるに違いない。それぞれ理由があるのだろうが、こういうことに手を染めた私としては、これらの社寺の消滅・移動はなんとも不穏なことに思える。

(東京はそれで無事なのか?)

不安になってしまったが、逆に考えれば、東京はこれらの社寺が二、三なくても、びくともしない呪術《じゆじゆつ》装置が働いているとも考えられる。

(うん。その方が安心できる)

こんなことくらいで武蔵野の呪術師が負けるはずはない。私は己《おのれ》に言って聞かせた。

とはいえ、神社がないのでは、話はこれ以上進まない。鬼門の検証もさることながら、大事な何かを失ったという感じだが、嘆いたところで失くなった神社が戻るわけでもない。失望してややしばし、自宅で地図を眺めていると、ふと寛永寺ラインの逆に位置するマークが目に入ってきた。

屈曲した隅田川の向こう、千住仲町《せんじゆなかちょう》の鳥居のマークだ。試みにそこに定規を当てると、神社は寛永寺の真東北、すなわち鬼門に寸分の狂いもなく重なっていた。

そこで思い至ったのが、浅草寺の境内である。

浅草寺の境内は、多くの社寺が混在している。ここは明治の神仏分離令にもかかわらず、同敷地内に寺院と神社が残っている貴重な聖地だ。

本堂に向かって右には、三社祭《さんじゃまつり》で有名な浅草神社が鳥居を並べる。浅草寺本尊の聖観《しょうかん》音《のん》を拾った漁師を神として、家康を合祀《ごうし》するこの本殿は、実は本堂の鬼門の位置にピタリ、存在しているのであった。そしてさらにもう一カ所。浅草神社の鬼門の位置には、被《ひ》官《かん》稲荷という社《やしろ》がある。

まさにこれは寺院と神社が、互いに鬼門の役割を受け持っている状態である。これが方式として成立するなら、地図上に並んだ鳥居マークを浅草寺境内での方法論――社寺が社寺を守護するという方法論の拡大と、見ることも無理ではないだろう。

ちなみに千住仲町の神社は、素戔嗚尊《すさのおのみこと》を祭る氷《ひ》川《かわ》神社で、元和二年（一六一六）にこの地に来ている。

元和二年は家康が死去した年と同年だ。この年に神社の移動によって、一大魔方陣ともいうべき仕掛が施されたことは、拙著『平将門魔方陣』で述べてある。この神社にも同様の霊的意味があるのなら、ここがラインに乗ったのも、意図されたことなのかも知れない。

私はそれに勢いづいて、寛永寺と同様に、浅草寺にも境内外に鬼門守護がないものか、視線で地図にラインを引いた。

残念ながら直線の上に社寺はなかったが、ラインより少し東にずれて、神社がひとつ存在している。今戸《いまど》焼きで有名な今戸神社が、それである。

ライン上ではないのだが、ひっかかるので由来を見ると、この神社は元々は今戸八幡宮といい、八幡神を祭っていたが、後に白山《はくさん》神社を合祀。現今戸神社になっていた。しかもここの八幡は鎌倉の鶴岡《つるおか》八幡宮と同じ年に同じ人物――源《みなもとの》頼義《よりよし》と義家《よしいえ》父子によって勧請《かんじょう》されたものだった。

鶴岡八幡は江戸の地に、白山神★は天海に所縁《ゆかり》の天台宗（浅草寺も天台宗）に関わりを持った神である。

浅草寺とも何らかの縁があっても不思議じゃない。

しつこくももう一度、確認すると、この今戸神社は江戸時代、浅草寺内に建てられた東照宮の随身門《ずいしんもん》、現二天門《にてんもん》の鬼門の位置にはまっているのが見つかった。

しかし寺どころか、門を守護する神社の意味など、私は知らない。それこそこじつけになってしまうので、ここは浅草寺と今戸神社は関係がある——それだけを、確認するに留めておこう。

ここでいったん、論は途切れる。

謎は全然解けないし、相変わらず歯切れも悪いが、一応、出した問題のふたつについては調べが済んだ。済んでしまったというべきか。

①の課題——方角に基づいた鬼門探索は、それでもそれなりの成果があった。

「皇城《こうじょう》の鎮《ちん》」である日枝《ひえ》神社は、真実、城の真裏《まうら》鬼門を守護している神社であった。そして日枝神社を含む鬼門・裏鬼門ラインはバランスよく、東北・南西線上を等分の距離をおいて護っていた。このラインが実測上の江戸城の鬼門を守護するラインだ。

②の課題——寛永寺・浅草寺を鬼門とするポイントを見つけだすための探索は、はっきり言って失敗だった。寺院と神社がお互いの鬼門を守護するのはわかったが、それは求める回答ではない。

やっぱり江戸の呪術師は、なかなかに手ごわい存在である。だが伝説は真実を含むと

★**白山神［しらやまのかみ］**　石川県白山にある白山比咩神社の主神。熊野の事解之男神と同様『日本書紀』の別伝の中、伊弉諾命と伊弉冉命の別離のシーンに突然現れる謎の女神。渡来系の神との説が有力であり、天台宗においては日吉大社の客人宮に祭られている。

いうのが私の持論だ。両寺の江戸城守護論を単なるデマとしないなら、いまだ気づかない真実がどこかに隠れているはずだ。

鬼門ではないふたつの寺が、鬼門を名乗る理由は何か。その仕掛を解き明かす鍵は、どこに存在するのか。

「東京」の上を這い廻り、踏みつけ、私は考えた。

江戸の魔方陣

■江戸城・見立て風水

だが、解決の糸口はどこを捜しても出てこなかった。

ツキが落ちたか、あるいはやはり、ふたつの寺が鬼門《きもん》というのは、ただのガセネタだったのか。私は頭を抱えてしまった。

答えはある。――その確信が、いまだに心の中から消えない。だがそれで答えが出ないというのは、勘が思い込みにすり変わったか、自分の調査方法が間違っているということだ。

（どこが？　何が悪いんだ？）

私は思考をチェックした。

（問題は寛永寺《かんえいじ》と浅草寺《せんそうじ》。寛永寺・浅草寺は鬼門。私が調べているのは鬼門……？）

いいや、違うぞ。間違えている。

私は誤りに気がついた。私が調べていたことはふたつの寺でも鬼門でもない。江戸・東京の呪術《じゅじゅつ》装置だ。それを見るのに皇城を離れて何をやっていた⁉

元々の調査は、江戸時代、武蔵野にどんな呪術装置があるかを見るのが目的だった。自分で、江戸の中心は江戸城にあると言いながら、この場所をほっぽっていたのでは、話にも何もなりゃしない。

（ああ、私ってバカよねぇ）

思わずため息が漏れる。でもまあ、それに気がついただけ、救いがあるということか。

私は気を取り直し、新たに江戸城——この城に、如何《いか》なる呪術装置があるかを、調査してみることにした。

江戸城の見取図を見ると、方角に準じた名称や意味をもつ場所があるのがわかる。乾《いぬい》の方には乾門、辰《たつ》の方角には辰の口という名前があるといった具合だ。

風水的に目立つのが、三の丸の鬼門の場所に位置する平川門《ひらかわもん》である。

ここは一名、不浄門《ふじょうもん》とも言われる門で、城から死体を運びだすとき、利用された門である。鬼の入ってくる場所は、死者の出る口でもあるわけだ。

しかしこんな程度のことで、城が治まるわけはない。見取図をつぶさに見ていくと、こういうお定まりの場所の他、いくつか胡散《うさん》臭い所があるのを私は見いだした。

その中で一番謎だったのが、小田原口門という門である。

のちに外桜田門と名前を変えるこの門は『霊岩夜話《れいがんやわ》』によると「扉なしの木戸門」で、江戸の初期には、象徴的に建てられた、通行不可の門だったという。この象徴門は何のため、造られていたものなのか。

そして外濠《そとぼり》の門の中、方位とは食い違いのある名称をもつ門もある。虎ノ門だ。この門は実際は午《うま》の方位にあるのに、どうして虎ノ門と言われているのか。

どうでもいいと言えば、それまで。しかしそれで気が済まないのが、私という人間だ。

他に方位的名前をもちつつ、実際の方角と異なるものに、牛込門や牛が淵とかもあるのだが、こちらの理由ははっきりしている。なんのことはない、その近辺が以前、牛込氏の領地であったところから名づけられたのだ。

それなのにこの虎ノ門のみ、理由づけがはっきりしない。

(怪しい。これは絶対、怪しい)

私はそれにひっかかり、しばらく地図を見つめて呻《うめ》いた。そうして首をひねった挙げ句、私はひとつの方法に思い至ったのであった。

(虎ノ門が寅だって、自分で主張するんだからさ。ここを寅の方角と見立ててみたらどうだろう?)

昔の日本に「見立て」といった遊びや芸術表現があることくらいは知っている。江戸時代の人間だったら、ことさら身近なものだっただろう。

これぞ正に天啓である。私はさっそく手に持った方位分度器をくるりとまわして、地図の上に当て直してみた。

虎ノ門に寅（＝東北よりちょっと東寄り）を当てると、正位の北は坤《ひつじさる》、すなわち南西に変化する。方位を十二支《し》で分割すると、一方位は三〇度の幅を持つ。その幅の中、分度器を少しフラフラさせてると、ヒョイと小田原口門が、再び視界に飛び込んできた。方位の午《うま》を寅に変えると、この門はなんと、東北の方――鬼門に位置しているではないか！

「やったぁ！」

ガッツポーズを作って、思わず私は叫んでしまった。虎ノ門の謎と同時に「扉なしの木戸門」の謎までが一気に氷解していく。ここは方位の見立てによった平川門とは別種の機能の、もうひとつの不浄門だったのだ。

濠の外からややひっこんだこの門は、見立ての鬼門守護のため、門という形態を取り、それを閉ざし続けることで、鬼の侵入を防いでいたのだ。

先の浅草寺デコイ論同様、この方法を用いれば、真の鬼門の平川門が攻略されても、江戸城は方位の見立て転換により、さしたる損傷を受けないで済む。

MAP 10《江戸城見立て風水》

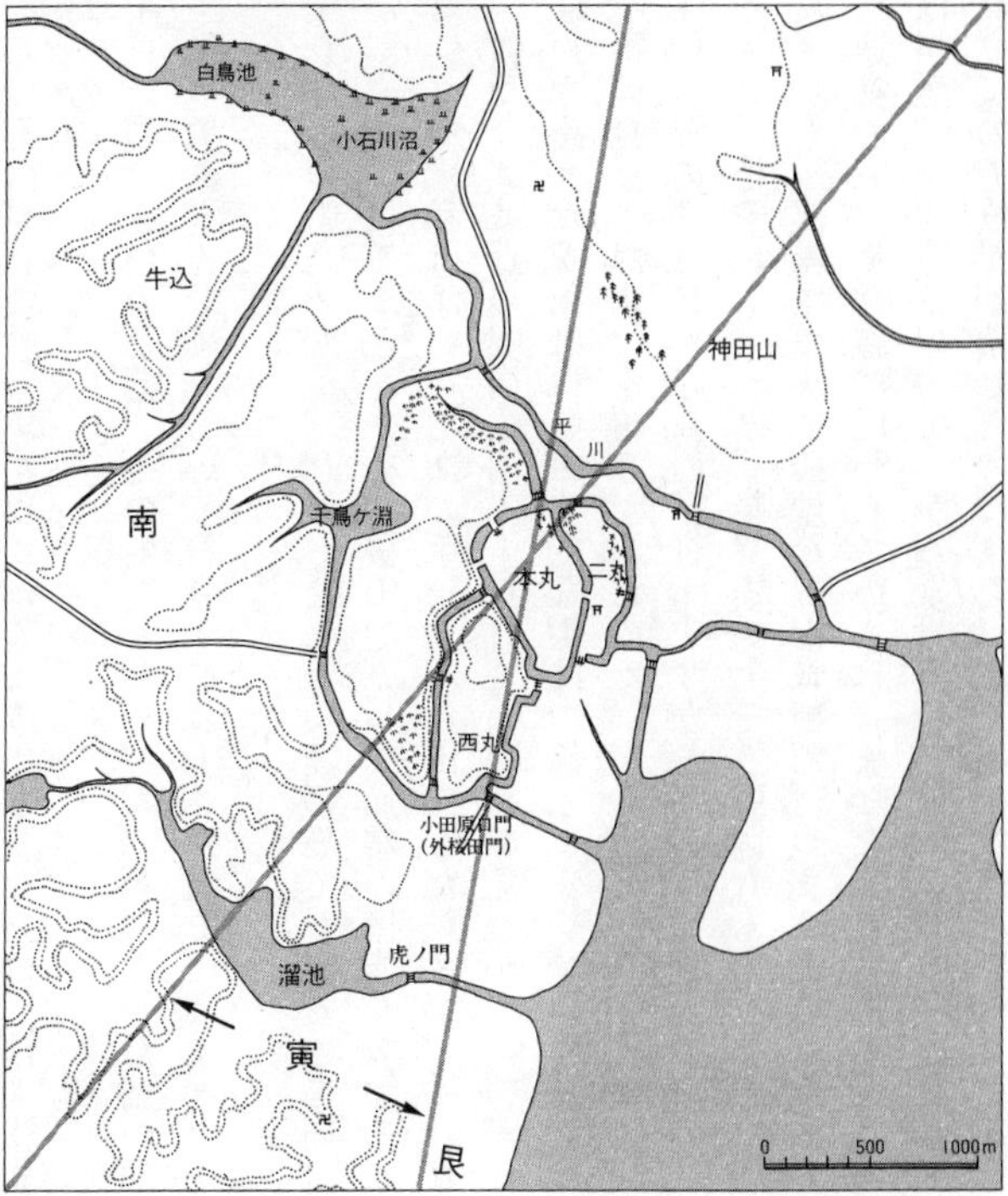

■徳川家康は自分の生まれ年である寅にこだわっていた。この見立て風水のポイントに虎ノ門を使用したのも、その表れのひとつかもしれない。

そしてその見立ての方角を裏づけるようにもうひとつ、南＝朱雀《すざく》の方位には、千鳥《ちどり》ヶ淵《ふち》があるのであった。

千鳥ヶ淵は江戸の初期、その名のとおり、くっきりとした鳥の形の池だった。池は南の朱雀の象徴。そして鳥という符合。これもまた見立てによった方位戦術じゃなかったか。

そしてこの千鳥ヶ淵が、鳥の形を失って埋め立てられるのと同時期に、小田原口門もまた、象徴門たることをやめ、桜田門として通常の機能を有するようになるのだ。

ヨシヨシ。私は頷《うなず》いた。あの手詰りから出てきた結果が、これならおつりが来るほどだ。新たな武蔵野の呪術法則――見立ての呪術が見つかったのだ。

江戸を護《まも》った呪術師は、古典的な大陸の風水にアレンジを施して、いかにも日本的な新呪術「見立て風水」を編みだしたのだ。

江戸の呪術師は日本好みの精神――すなわち日本の地霊の好みにあった方法を巧みに取り入れ、地霊におもねり、結界をいっそう強固なものにしたのだ。

なんとも、複雑怪奇かつ巧妙な呪術戦術だ。つまり彼らの仕掛けた罠を解き明かすには、通常の方位や常識に囚われていては、まったくダメなのである。鬼門が鬼門にないのは当然。まずそう思ってかからなければ、敗北は目に見えている。

(見立ての方位が崩壊したのは、ちょうど徳川家光の時代だ。そして寛永寺が建てられたのも家光の時期。つまりだね、見立ての鬼門を用いなくても江戸を守護するだけの力を、家光はこの時期、寛永寺などの創建を通じて、手に入れたということになる）

寛永寺と浅草寺は、見立ての鬼門ですらもなかった。それでも幕府がこれらの寺院に重きを置いていたのなら、ここには小田原口門以上に複雑な仕掛があるはずだ。

私は再び嬉しくなった。いまだ謎は解けなかったが、どこかに細い糸口を見つけたような気分であった。

（このひねくれた思考パターンを肝に銘じて作業をすれば、謎は解けるんじゃないのかな？）

地図を見おろすとワクワクしてくる。うん。このワクワクを手放さなければ、きっと事は見えてくる。私はにんまりと笑って、地図の上に座り直した。

■ほどける謎

その答えをもたらしたのは、ふとした思いつきだった。

期待だけが先行し、数日地図をいじくるうちに、江戸城の鬼門ラインの終わりと、裏鬼門ラインの終点を、それぞれ寛永寺・浅草寺と結んでみることを思いついたのだ。

なかばヤケでのことだったので、定規を当てた時点では、私は何も期待していなかった。その前にも色々と試みてみては、玉砕を繰り返していたからだ。

しかし結果は——。あにはからんや。試みは正に今度こそ、見事に的を射ていたのである。出てきた結果は、信じ続けた私の期待を裏切らない、すばらしいものだったのだ。

ラインの上に、いくつもの神社が浮かび上がってくる。

あまりに数が多いので、私はそれを表にしてみた。見て欲しい。

裏鬼門ラインの終着点、碑文谷《ひもんや》にある厳島《いつくしま》神社と寛永寺を結んだライン、及びその延長に並んだ神社は五つある。もう一方のラインも五つ。

表鬼門終点の堀切にある天祖神社は、南西に下って浅草寺と結び、碑文谷の厳島神社と同様、やはり池の中に位置する洗足池《せんぞくいけ》八幡神社に至る。そしてここには碑文谷と同じく、厳島神社があり、弁才天が祭られている。

ラインの系統がまず見えた。ここは弁才天をからめた呪術《じゅじゅつ》ラインだったのだ。

しかも驚くべきことに、この二本の線は正確な平行線を描いているのだ。

これはもう偶然などじゃない。ここに至って私はようやく、自分のとった方法にある程度の確信を見いだせた。嬉しい。しつこく頑張った甲斐があったというものだ。

私は欲を出してみた。

(この二本の平行線の終点同士を結びつけ、ラインを延長させていったら、また何か見つかるんじゃない？）

このテの目論見は往々にして、企画倒れで終わるものである。だがこのときばかりは、私の欲は、自分を誉めたくなるほどに、面白い結果をもたらした。

平行線の終点にある、ふたつの厳島神社を結んだラインは、またもや五つの神社を繋げて練馬区の春日《かすが》神社についた。

次は東北方向の平行線の終着点だ。このふたつを結んでも、面白い結果は得られなかった。だが、洗足池八幡神社と繋がった葛飾・天祖神社を練馬区の春日神社と結んでみると、新たに八幡神社をひとつ巻き込み、七つの神社がライン上に上がった。そして。それればかりか、この線は先に引かれたラインとともに、地図上に見事な二等辺三角形を描いたのだった！

江戸の鬼門と言われ続けた寛永寺と浅草寺。それらが描きだしたラインは、春日神社を頂点として巨大な三角形を作っていたのだ。しかも春日神社～天祖神社の延長線は正確に、江戸の東西を貫く。

これこそ、まさにひとつの結界——霊的な要塞というべきものだ。

家康が、天海《てんかい》が、高虎《たかとら》が、上野に寛永寺を建立《こんりゅう》したのは、まさに江戸城を護《まも》るため。巨大なこの三角形を完成させるためだったのだ。

ここまでくると、もう江戸の方位測定が曖昧だとは、口が裂けても言えないだろう。

表2《寛永寺：浅草寺ライン一覧》

●寛永寺――厳島神社ライン

厳島神社　目黒区碑文谷六丁目碑文谷公園内
祭神……市杵嶋姫命（イチキシマヒメノミコト）
由来……表1参照

氷川神社　渋谷区東二丁目
祭神……素戔嗚命（スサノオノミコト）稲田姫命（イナダヒメノミコト）大己貴命（オオナムチノミコト）天照大御神
境内神社……厳島神社　稲荷神社　秋葉神社　八幡社
由来……創建不詳だが、日本武尊（ヤマトタケルノミコト）が勧請したとの伝説があり、元禄六年（一六九三）には存在が確認されている。

寛永寺　台東区上野桜木一丁目
由来については本文参照

慈眼寺　足立区千住一丁目
新義真言宗
由来……創建正和三年（一三一四）。行覚上人による。家光のとき、弘法大師作といわれる聖観世音菩薩を安置。以来、将軍が日光東照宮社参のときの休息所となり、江戸城北方鎮護の寺として、葵の寺紋を許される。

氷川神社　足立区千住四丁目
祭神……素戔嗚尊　宇迦之御魂命（ウカノミタマノミコト）誉田別命（ホンダワケノミコト）
境内神社……北野神社（道真と共に応神天皇）　稲荷神社
猿田彦神社
由来……創建元禄四年（一六九一）。明治四十二年（一九〇九）に八幡神社を合祀。

●浅草寺――厳島神社ライン

天祖神社　葛飾区堀切三丁目
祭神……天照大御神
相殿……誉田別命　菅原道真公
境内神社……稲荷神社　弁天社

由来……創建永万元年（一一六五）。相殿の八幡宮は宝徳元年（一四四九）千葉氏の支流・窪寺氏によって太宰府より勧請。弘化二年（一八四五）再建。明治年間に三度修築。

浅草寺　台東区浅草二丁目

由来については本文参照

金山神社　千代田区岩本町二丁目

祭神……金山彦命（カナヤマヒコノミコト）金山姫命（カナヤマヒメノミコト）

由来……創建不詳。昭和初期、東京金物同業組合が、岐阜の南宮大社より勧請。第二次世界大戦によって消失するが、後に再建。

幸稲荷神社　港区芝公園三丁目芝給水場脇

祭神……伊弉冉命

境内神社……茅野天満宮・松野天満宮（共に菅原道真公）

由来……創建応永元年（一三九四）。初めは芝大門付近にあった。増上寺に所縁がある。

千束八幡神社（厳島神社）　**大田区南千束二丁目洗足池**

祭神……誉田別命

境内神社……神明社（天照大御神・豊受姫命　トヨウケヒメノミコト・伊弉諾命・伊弉冉命・大山祇命　オオヤマツミノミコト・猿田彦命）厳島神社（市杵嶋姫命）

由来……創建貞観二年（八六〇）。宇佐八幡を勧請。将門征伐に加わった藤原忠方の尊崇を受ける。源義家、頼朝、新田義興等の尊崇も深く、旗揚げ八幡の称がある。

その上――地図を眺めて欲しい。本丸の鬼門ラインから派生した浅草寺・寛永寺ラインは、江戸城の内濠《うちぼり》の突端部分を正確に射抜いて通っているのだ。濠は城を護るもの。水は霊気を運ぶものである。それに鬼門守護の力をもったラインを触れさせるとは、城の濠内全体に、鬼の侵入を許さない力を巡らすということだ。

「これが江戸の結界だ」

私は己《おのれ》自身に言った。

寛永寺と浅草寺は、やはり江戸の鬼門であった。しかもただの鬼門どころか、鬼門ライン自体を守護し、かつまた力を利用して濠に結界を張るという、二重の重要性をもっていたのだ。

その濠の結界もひとつではない。先程うやむやなままに終わった寛永寺・浅草寺の鬼門探索図（MAP9）を、もう一度、戻って見て欲しい。

浅草寺のラインが皇居の東南・日比谷濠の先端を正確に通っているのが見える。そして寛永寺～碑文谷厳島神社の線は、北西の千鳥ヶ淵先端を、これも見事なほどの精度でかすめているのが見て取れるのだ。

私は先の浅草寺デコイ論が崩れるのを自分で笑うと同時に、江戸の呪術結界の精密さと念の入れように、嘆声を漏らさずにいられなかった。

あとはこれができた時代が調べられれば申し分ない。調査方法は簡単である。トライ

MAP 11《弁才天ライン》

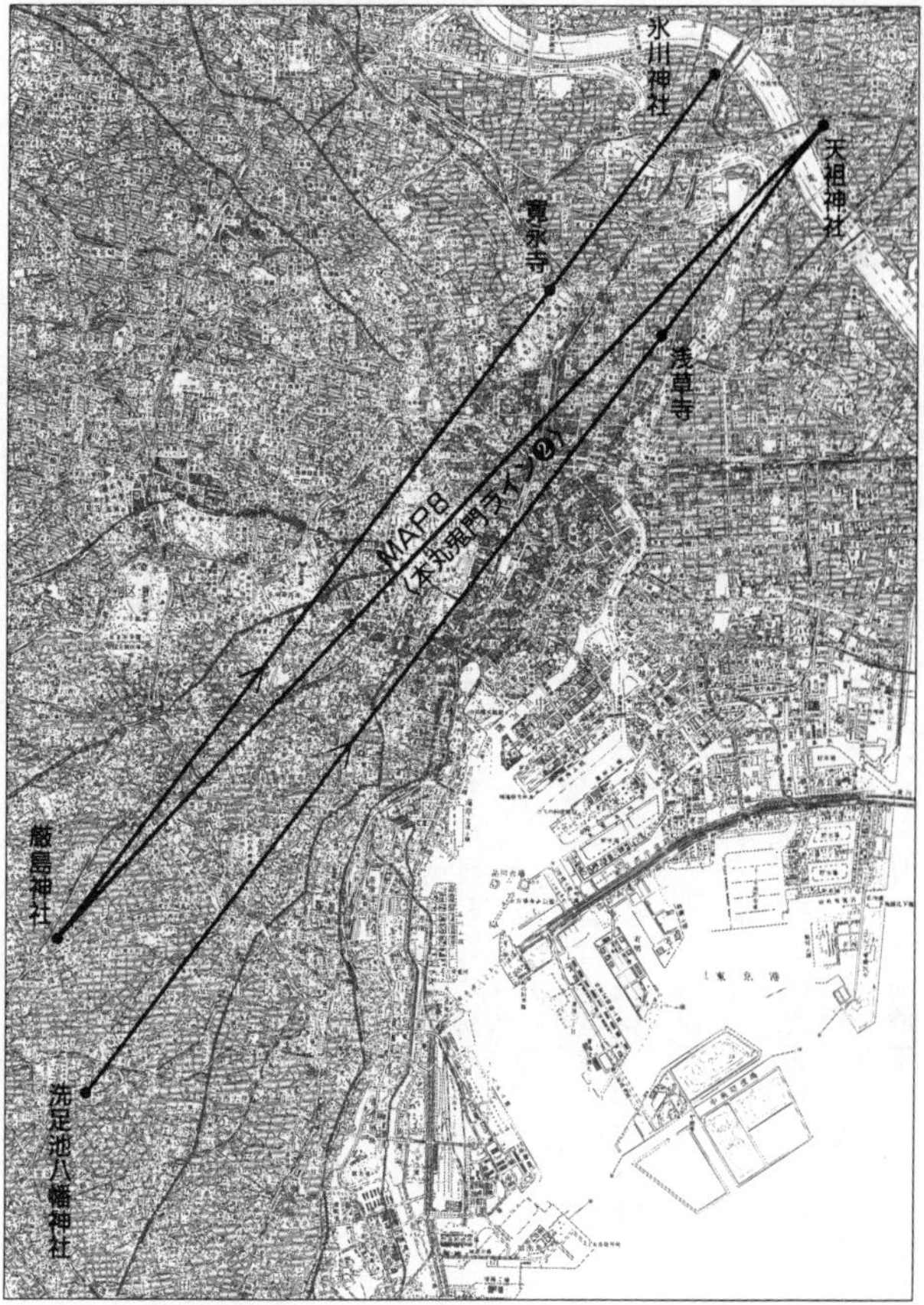

アングルを形成している頂点三つのポイントの社寺の成立年を見て、一番若い年代を見つけだせばいいだけだ。

私は再び勢い込んだが、堀切の天祖神社⑥のみ、永万元年（一一六五）伊勢神宮から分霊したとあるのみで、あとのふたつの創建年は確定できない有様だった。

しかし春日神社⑬については、文明《ぶんめい》年間（一四六九〜八七）にはすでに存在したことがわかっている。そして洗足池の厳島神社⑩は、しぼれないながらも戦国時代に建てられたことは確認できた。

戦国時代は応仁の乱（一四六七〜七七）から信長が京都に入るまで。だとすると、この厳島神社が一番若いということになり、その時代の江戸はというと……、太田道灌《おおたどうかん》が江戸城を築城したときにあたるのだった！

彼は江戸氏没落以降、当時は僻地《へきち》であったこの地に、わざわざ城を造った男だ。どうしてここに築城したのか、確実な理由はわかっていないが、資料を調べていくうちに、こんな伝説が見つかった。

すなわち、江ノ島弁才天に参詣した太田道灌が、船で帰っていく途中、品川沖でコノシロ（＝この城）という魚が船中に飛び込んだので、城を決めたという伝説だ。

厳島神社には当然ながら、弁才天が祭られている。ここが道灌の築城のあとに建てられたのならば、この伝説は変則的なものではあるが、彼の呪術戦略の一端を語っている

MAP 12《大江戸トライアングル》

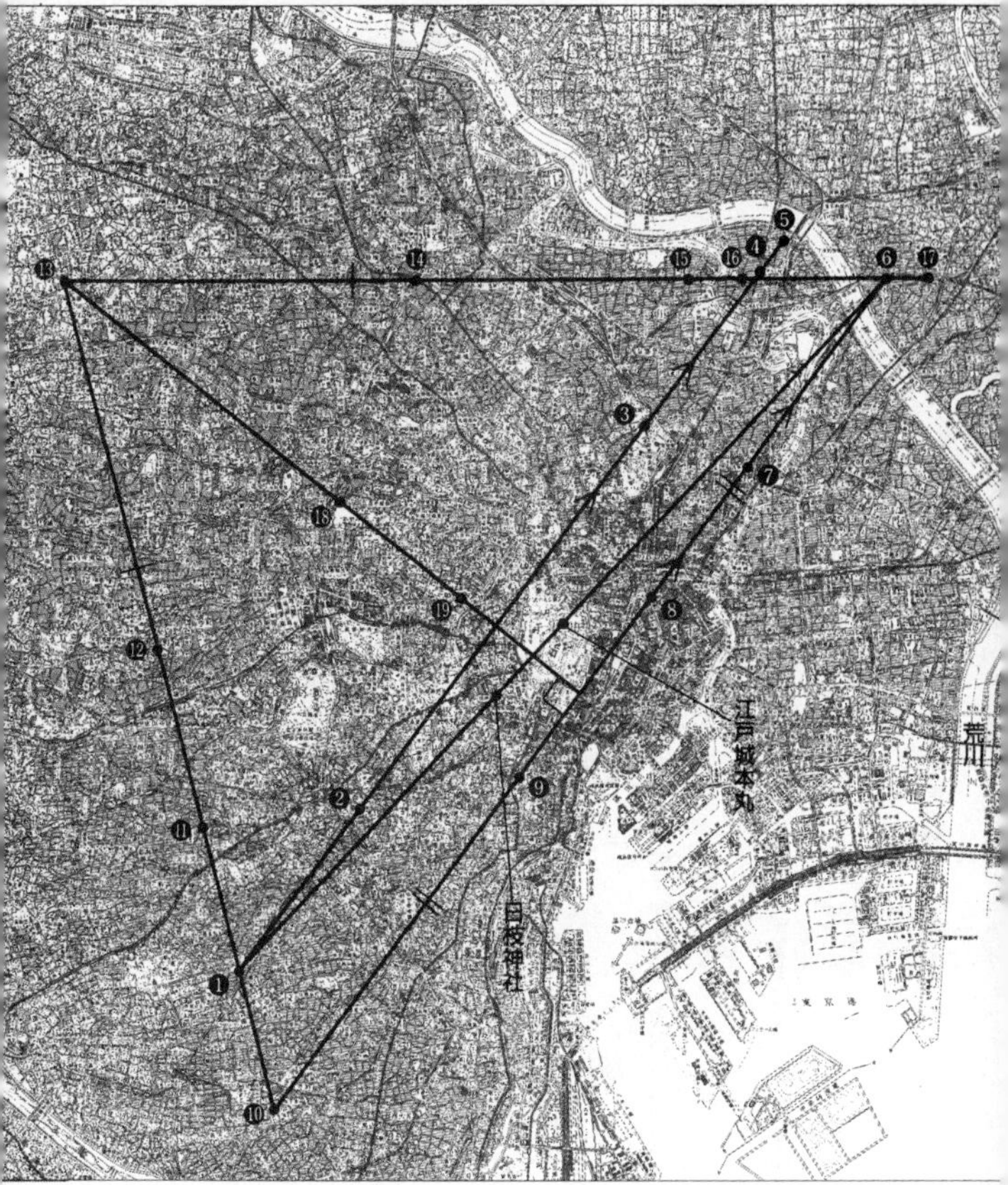

MAP12《大江戸トライアングル》

●寛永寺――厳島神社ライン
①碑文谷厳島神社　目黒区碑文谷六丁目碑文谷公園内
表2参照
②氷川神社　渋谷区東二丁目
表2参照
③寛永寺　台東区上野桜木一丁目
本文参照
④慈眼寺　足立区千住一丁目
表2参照
⑤氷川神社　足立区千住四丁目
表2参照
●浅草寺――厳島神社ライン
⑥天祖神社　葛飾区堀切三丁目
表2参照
⑦浅草寺　台東区浅草二丁目
本文参照
⑧金山神社　千代田区岩本町二丁目
表2参照
⑨幸稲荷神社　港区芝公園三丁目芝給水場脇
表2参照
⑩千束八幡神社（厳島神社）　大田区南千束二丁目洗足池
表2参照
●碑文谷・洗足厳島神社延長ライン
⑩千束八幡神社（前記参照）
①碑文谷厳島神社（前記参照）

⑪三宿（ミシュク）神社　世田谷区三宿二丁目
祭神……宇迦之御魂命（ウカノミタマノミコト）毘沙門天
境内神社……稲荷神社
由来……創建不詳。現在廃寺となっている多聞寺の境内にあったといわれる。

⑫多田神社　中野区南台三丁目
祭神……多田満仲公
境内神社……大鳥神社（大鳥連御祖神　オオトリノムラジミオヤノカミ）稲荷神社・御嶽神社・榛名神社・大山阿夫利神社合祀
由来……創建寛治六年（一〇九二）。源頼義・義家による。慶長二年（一五九七）再建。

⑬春日神社　練馬区春日町三丁目
祭神……天児屋根命（アマノコヤネノミコト）
境内神社……三峯神社（火産霊神　ホムスビノカミ）第六天神社（面足之命　オモダルノミコト）稲荷神社二社
由来……創建不詳。藤原鎌足の子孫による創建といわれる。

●春日神社――天祖神社ライン

⑬春日神社　（前記参照）

⑭（神社名不明）　北区滝野川六丁目
確認できず。

⑮（神社名不明）　荒川区町屋八丁目
確認できず。

⑯千住神社　足立区千住宮元町
祭神……素戔嗚尊　宇迦之御魂命
境内神社……三峯神社（伊弉諾命・伊弉冉命）片葉天神社　浅間神社　八幡神社
由来……稲荷神社創建、延長四年（九二六）。後、弘安二年（一二七九）武蔵一の宮より氷川神社を分霊。明治六年に両社を合祀。

⑥天祖神社　（前記参照）

⑰八幡神社　葛飾区宝町二丁目
祭神……誉田別命（ホンダワケノミコト）

境内神社……稲荷神社
境外末社……稲荷神社　皇産霊神社（高皇産霊尊　タカミムスビノミコト）
由来……創建建暦二年（一二一二）。境外末社は共に元文四年（一七三九）鎮座。

※大江戸トライアングルの二等分線上

⑬春日神社（前記参照）

⑱諏訪神社　新宿区高田馬場一丁目
祭神……大国主命　事代主命（コトシロヌシノミコト）武御名方命（タケミナカタノミコト）
境内神社……御嶽神社（大物主命　太玉命　フトタマノミコト）　稲荷神社
由来……創建弘仁年間（八一〇～八二四）。小野篁が大国主命と事代主命を祭ったと伝えられる。文治五年（一一八九）、頼朝が奥州討伐の際祈願し、戦勝後、社殿を造立。応仁三年（一四六九）に太田道灌が再営。焼失したが、江戸初期に諏訪神社を勧請合祀して再建。明治天皇も行幸した。

⑲八幡神社　新宿区市谷八幡町
祭神……誉田別命
境内神社……出世稲荷神社　金比羅宮
摂社……茶木稲荷神社
由来……創建文明十年（一四七八）。太田道灌による。

ことになる。

そして、見よ！　三角形の底辺の片われの天祖神社にも、弁才天が祭られているのだ。やはり伝説は事実を示唆《しさ》する。道灌は弁才天の守護により、この地に江戸城を建てたのだ。

私はまさに躍り上がった。

頂点にある春日神社の祭神は、天児屋根命《あまのこやねのみこと》であった。この神は天孫瓊瓊杵尊《ににぎのみこと》が降臨したとき勅を奉じて祭祀を行った、神事の宗源。そして神と人との間を取りもつ神であるとも言われる。

神の力を人間界に及ぼすために、これほどにふさわしい神は存在しない。

その名に「屋根」という文字を持つ神を祭った春日神社は、弁才天こそ祭ってないが、江戸という大きな結界に、睨《にら》みを利かせるのにふさわしい神社であると言えるであろう。

そして、その春日神社を神仏分離令以前、習合していた寿福寺《じゅふくじ》に行き、私はもっと驚いた。真言宗豊山《ぶざん》派のこの寺院には、神仏分離以前まで春日神社に置かれてあった神が、移されていたのであった。

その神の名は十羅刹女《じゅうらせつにょ》――羅刹は破壊・滅亡をもたらすもので、羅刹女は、その破壊から人心を護ってくれる神である。加えて、仏法においては南西を守護する神とも言われているのだ。

私は当然、そう聞いて、地図の南西にラインを引いた。そして春日神社の正しく、南西に現れたのは……西の結界の重要ポイント、天沼八幡《あまぬまはちまん》だったのだ。

つまり春日神社は東京の結界の屋根であると同時に、破壊・滅亡を抑え、かつ西の結界をも守護していたのだ。

(こんな重要な守護神を、くだらない法律におもねって神社から出してしまうなんて)

見つけた事実は嬉しかったが、何ともヤバイ気になってくる。春日神社自体もそんなに篤《あつ》く信仰されている感じの場所ではなかったし。要《かなめ》の神社の守護力が低下していたら、東京は危ない。

(それとも、それを知っての上で、……そういうことを期待して、明治政府はあんなバカな法令を出したのだろうか?)

ふと考えたが、それを政府がなすメリットは見つからなかった。

ともかく、太田道灌はすべてを理解し、結界を張り、江戸城の位置を確定したのだ。

私はそう断定をした。それればかりか、出てきた事実は、道灌以降の江戸の呪術操作をも、確信させるに足るものだった。

江戸城の形が完成したのは、徳川になってのことである。当然、三角形の底辺にあわせるよう、濠を掘ったのは、徳川幕府の連中だ。幕府の御用呪術師は江戸の呪術マニュアルをどこからか手に入れ、その上で、江戸城に、より鉄壁な城塞を築き上げたのだ。

すごい。すごい戦略である。

私は気になったので、寛永寺ラインの上にある慈眼寺《じげんじ》についても調査してみた。

どうして私がこの寺に引っかかったのかというと、寺の名である慈眼という語は、例の天海僧正の諡《おくりな》に当たっているからだ。これが寛永寺のラインの上に乗ったのは、それゆえ、何らかの意味のあることではないかと、疑ったのだ。

実際に行って、区が立てた説明板を眺めると、こんなことが記されていた。

「本寺は、正和《しょうわ》三年（一三一四）二月、行覚上人が関東巡錫《じゅんしゃく》の時に創建されたという。三代将軍家光の時、聖観世音菩薩像（伝弘法大師作）を安置し、本尊とした。以来、将軍が日光社参の際の休息所となり、または江戸城北方鎮護の寺として、葵《あおい》の寺紋を許された寺院であった……」

なんと。ここは江戸城の北方を護る寺として意識されていたことが、明記されていたのであった。実際の北には当たらないのに、北方というのは解せないが、手がかりはすでに存在している。日光社参だ。江戸の北にあり、江戸結界の最大の要というべき日光東照宮が、この寺には関わっている。

けれどもここで日光について、ひと口で説明するのは無理だ。これに関しては章を改め、じっくり検証することにする。

（しかし、よくもやってくれるよ。道灌のトライアングルを平行線で補強して、それぞれに濠の縁《ふち》を合わせて、その上、そこに本丸の鬼門ラインの結び目を連結させるだなんてさぁ……)

ここまでくると、トライアングルの中心を求めたくなってくる。貪欲な私は結界の中心点を求めれば、また何か新たな真実が出てくることを期待したのだ。

測定した先にはふたつの神社。そして頂点からまっすぐ下った三角形の底辺の中心点には、江戸城の濠が——底辺と接触している日比谷濠が——ピンで止められたようにきっちりと、寸分の狂いなく乗っていた。

お見事! なんという几帳面さだ。私は嬉しくなってしまった。

ライン上、高田馬場にある諏訪《すわ》神社は頼朝の奥州征伐の祈願所であり、明治には明治天皇も行幸しているという場所だ。

時の権力者が社寺を訪れ、参拝や奉納を行うことは、社寺に帰依《きえ》するというよりも、そこに自分の霊意を託す、マーキングのようなものである。頼朝もそう。家康もそうだ。彼らはそうすることにより、そこの神々と懇意になって、力を貰い、場に残存する。

(明治の呪術師達もまた、このトライアングルを知っての上で、天皇をわざわざ運んだのかな)

私はそう考えて、早くも東京の呪術師の技の片鱗《へんりん》を見つけて、笑んだ。

だがそれにしても、この大三角。鎌倉がらみの神仏が、あまりに多いように思える。八幡神はいうまでもなく、源家の守護神だ。そして弁才天もまた、江ノ島弁才天という鎌倉守護に関わる神だ。

頂点の春日神社の神は天児屋根命であった。この神の末裔《まつえい》は藤原鎌足《ふじわらのかまたり》だと言われ、彼は源頼朝の遠いご先祖様になる。

浅草寺ラインの一端であり、春日神社と結ぶラインの起点になる神社――洗足池の厳島神社⑩は八幡神社の境内にあり、頼朝の尊崇を受けた地だ。一方、千住四丁目の氷川《ひかわ》神社⑤も、明治に入ってからではあるが、八幡が合祀《ごうし》されている。そして寛永寺ラインの一端と春日神社を結ぶラインの終点、葛飾宝町《かつしかたからちょう》にあった神社も、その名称は八幡神社⑰。

大トライアングルの中、八幡神と鎌倉に関わる神社は全部で九つ。弁才天を祭る神社は重複するのを含めて三つ。不明の神社がふたつほどあるが、計十七カ所の社寺のうち、半分が鎌倉と弁才天に関わりを持つということになる。

話によると、家康はどういうわけか頼朝をひどく慕っていたという。それとこれとは関係あるのか。またもや謎が出てきたが、今の時点でそれは解くまい。

新たなトライアングルが、もうひとつ現れたのである。

巨大な二等辺三角を私が発見してすぐに、たたみかけるごとく新しい結界が姿を見せたのだ。その経緯はもう語るまい（実は定規の当て間違いからの怪我《けが》の功名だったのだ）。江戸城設計に由来する、もうひとつの（ふたつ。四つか？）の大トライアングルを見て欲しい。

さっきのトライアングルよりは、構造的には杜撰《ずさん》だが、ふたつの大きな三角形が北の丸突端でクロスしている。田安門《たやすもん》のあるそこは、以前から気になる場所だった。どうして気になっていたかというと、この門の横には、上にと続く立派な石段が延びており、そこに「弥生廟《やよいびょう》」という神社らしき名称をもつ石碑が立っていたからだ。そこには柵が巡らされ、一般人は立ち入れない。しかし皇居のガイドを見ても、それに関する説明はいっさい載っていないのだ。

以前はそれでもまあよかろうと、そのままに放っていたのだが、ここに至ってはどうしても、由来を確認しなくちゃなるまい。

私は思いついた限りの資料をすべてひっくり返し、「弥生廟」を調べにかかった。結果、出てきた由来がこれだ。

「昭和五年五月二十四日。関東大震災の復興状況を見るために、昭和天皇は田安門の上に登って、東京一円を遠望した（門といっても、皇居の門は江戸時代のなごりを留めた櫓《やぐら》に近いものなので、上に相当の広さがある）。以来、ここは『昭和天皇御野立所《のだてどころ》』と

MAP 13《八幡トライアングル》

MAP13《八幡トライアングル》

●トライアングルA

④八幡神社　葛飾区宝町二丁目
ＭＡＰ12参照

①小豆澤（アズサワ）神社　板橋区小豆沢四丁目
祭神……国之常立命（クニノトコタチノミコト）宇比地迩尊（ウヒジニノミコト）鵜葺草葺不合命（ウガヤフキアエズノミコト）意富斗能地神（オオトノジノカミ）須比地迩神（スイジニノカミ）天照大御神　日子番能迩々芸尊（ヒコホノニニギノミコト）伊弉諾命　伊弉冉命　豊雲野神（トヨクモヌノカミ）大斗乃弁神（オオトノベノカミ）阿夜訶志古泥神（アヤカシコキネノカミ）日子穂々手見神（ヒコホホデミノカミ）天之忍穂耳尊（アマノオシホミミノミコト）淤母陀琉神（オモダルノカミ）活杙神（イクグイノカミ）角杙神（ツノグイノカミ）
境内末社……稲荷神社　諏訪神社　天満宮
由来……創建康平年間（一〇五八～一〇六五）。源義家によって創建。もとは十二天社と称した。

●トライアングルB

⑩多摩川浅間神社　大田区田園調布一丁目
祭神……木花咲也姫命（コノハナサクヤヒメノミコト）菊理姫命（キクリヒメノミコト）伊弉諾命　伊弉冉命
境内末社……三峯神社（伊弉諾命・伊弉冉命）阿夫利神社　小御岳神社（小御名岳石尊　コミナタケセキソン）稲荷神社
由来……創建文治年間（一一八五～一一九〇）。源頼朝が出陣した際、その身を案じた政子はこの多摩川のほとりに来、富士を遠望。富士吉田の浅間神社は、彼女の信仰するところである。政子は頼朝の武運を祈り、ここに身につけていた聖観音像を埋め、それが神社の起源となった。

⑨天沼八幡神社　杉並区天沼二丁目
ＭＡＰ４参照

●ＡＢの交わり

⑭弥生廟
本文参照

●A—1

①小豆澤神社　（前記参照）

②御嶽神社　**足立区扇一丁目**
祭神……国常立命（クニトコタチノミコト）
由来……創建寛永十六年（一六三九）。元は吉祥院境内の守護神として祭られた。

③氷川神社　**足立区千住四丁目**
表2参照

④八幡神社　（前記参照）

●A—2

①小豆澤神社　（前記参照）

⑭弥生廟　（前記参照）

●A—3

①小豆澤神社　（前記参照）

⑤大松寺　**北区赤羽西五丁目**
由来不詳

⑥王子稲荷神社　**北区岸町一丁目**
祭神……宇迦之御魂命　宇気母智之神（ウケモチノカミ）　和久産巣日神（ワクムスビノカミ）
境内神社……市杵嶋神社　本宮稲荷神社　嬉野森稲荷神社　北村稲荷神社　御石稲荷神社　亀山神社（宇迦之御魂神）
由来……創建不詳。源頼義奥州討伐の際、当社を関東稲荷総司として信仰する。江戸時代には徳川の祈願所として定められた。

⑦感応寺　**台東区下谷二丁目**
由来……創建十二世紀後半。江戸氏に関わる、関小次郎長輝による。元は日蓮宗であったが、元禄十二年（一六九九）天台宗に改宗。護国山天王寺と称した。現在、谷中七

福神のひとつであり、毘沙門天を祭っている。近くに四つの寺院が混在する。

⑧伝法院　台東区浅草二丁目
浅草寺の本坊で、安永六年（一七七七）の創建。
この辺りにも、寺院が集まっている。

●B—1

⑨天沼八幡神社　（前記参照）
＊ラインの30メートル内外に三つの神社
⑩多摩川浅間神社　（前記参照）

●トライアングルC

⑨天沼八幡神社　（前記参照）
⑭弥生廟　（前記参照）
①小豆澤神社　（前記参照）

●C—1

⑪江古田浅間神社　練馬区小竹町一丁目
祭神……木花咲也姫命
境内神社……稲荷神社
由来……創建不詳。承平元年（九三一）に雪が降った際、この山が富士に似ていると村人が登ると、御神体ともいうべき石を発見。以来、富士の大神と崇めたという伝承がある。

⑫氷川神社　豊島区高田二丁目
祭神……素戔嗚尊　奇稲田姫命（クシイナダヒメノミコト）大己貴命（オオナムチノミコト）
境内神社……稲荷神社　道祖社（猿田彦命）　天祖神社
由来……不詳。旧高田村の鎮守社。

⑬神楽坂若宮八幡神社　新宿区若宮町
祭神……仁徳天皇　応神天皇
由来……文治五年（一一八九）源頼朝が奥州征伐の際、ここに祈願。平定後、鎌倉の若宮八幡宮を移したのが始まりという。後、太田道灌が江戸城鎮護のため、再興し、社殿を江戸城に相対させた。

⑭弥生廟（前記参照）

●トライアングルD

＊弥生廟を頂点

●D―1

⑮金山神社　千代田区岩本町二丁目
表2参照

●AB底辺

⑩多摩川浅間神社（前記参照）

⑯誕生八幡神社　品川区上大崎二丁目
祭神……誉田別命　気長足姫命（オキナガタラシヒメノミコト）　武内宿禰命（タケノウチノスクネノミコト）　宇迦之御魂命
境内神社……稲荷神社
由来……創建文明年間（一四六九～一四八七）。太田道灌によって勧請。

⑰熊野神社　港区麻布台二丁目
MAP4参照

＊増上寺近くの寺溜り

④八幡神社（前記参照）

して聖域とされ、現在は警察関係の殉職者を合祀《ごうし》する」

ここもマーキング場所だったのだ。しかも昭和天皇。しかも、現在は警察官の殉職者の霊が宿った、護国の要《かなめ》というべき場所だ。

さっきの明治天皇同様、昭和天皇もまた、皇城の結界を強化するため、みずから出向いていたのであった。

そういえば、鶴岡八幡宮にも確か天皇の「野立地」があり、禁足地となっている。あそこもすでに皇室の手中ということなのであろうか。

考えるに「野立」というのは、神話の神々の行った「国見《くにみ》」に等しい行為ではないのか。

神が自分の治める土地を遠望する――そのことは、神の霊力を「見る」という力をもって行き渡らせる、呪術的行為と想像できる。

昭和天皇は当時まだ、現人神《あらひとがみ》の存在だった。そして彼が「野立」をしたのは、震災後の復興を成した東京の土地だったという。

天皇はその新たな都が二度と災害に襲われないよう、土地を見渡すことにより、ここを支配する「神」として、東京の地霊を抑えようと考えたのではあるまいか。

「野立」恐るべし、である。そして江戸・東京の呪術師もまた、充分に恐れるに足る存在だ。

新たなふたつの三角を形成している社寺の由来を、読んでいただけただろうか。

Aの三角は八幡神社と源義家《よしいえ》に関わっている。

Bの三角はおなじみの天沼八幡と、源頼朝がらみの作りだ。

弥生廟を頂点に持つCも当然、義家と八幡神社を底辺に持つ。Cの二等辺線上にある神楽坂若宮《かぐらざかわかみや》八幡神社も、頼朝の奥州征伐が創建由来となっており、そればかりか、ここの神社は太田道灌によって再興されて、江戸城鎮護のために、社殿を城に相対させたというのであった。

八幡神は西国にとって国を護る神のひとりだ。それに江戸城を絡み合わせて、この三角形は八幡、天孫に刃向かった奥州を征伐した武将、警察官殉職者で成立している護国のトライアングルとなる。

ABふたつの三角は重なりあって、江戸城を本丸・西丸と、すっきりとふたつの区域に分けている。ふたつの三角の重なりあった地帯は、江戸時代に、本丸の建てられていた位置である。徳川がいかに結界を重視していたかが、これでもわかる。

江戸城本丸は、神々の力が凝縮しきった地点に、建てられるべくして建てられた、ひとつの聖地だったのだ。

そしてその結界守護を、どうして鎌倉関係の社寺に託したかという謎は、ますます深まっていくのであった……。

■江戸城、ゆえに名城となる

しかし鎌倉の問題に取りかかるのはまだ早い。この作業中に気になった問題を整理するのが先決だ。プレ鎌倉・八幡というべき謎が、ここにもあるのだ。

一番ひっかかったのは、大トライアングルの底辺と、ふたつ並んだ三角の底辺の接点にある金山《かなやま》神社⑮（MAP13）だ。ここの祭神は金山彦命《かなやまひこのみこと》と金山姫命《かなやまひめのみこと》。その文字を見ればわかるように、ここは金属の神様を祭った神社なのである。

どうして、江戸最大の結界のクロスポイントを護《まも》るのが金属神なのか。私にはよくわからない。ここの神社の創建は、昭和の初期になってのことだ。しかも神社の由来によると、建てたのは東京金物同業組合という、民間団体であるらしい。

（一民間企業までが呪術《じゅじゅつ》マニュアルを知っていたとは、とても思えないんだけどなぁ）

そして昭和の呪術師が、こんな重要ポイントに、民間の建てた神社を置くのを許すはずもないと思える。

（それを許したということは、ここにこの神社の建つことが、結界の強化に役に立つことだと思ったからだろう）

だとすると、MAP12・13の大トライアングルの共通点は、金属の神だということになる。

ふたつの結界にはその他に、八幡神と源氏といった共通項も存在していた。それが金属というキイワードでひとくくりにされるなら、八幡神には金属神の顔が隠れているともいえる。確かに専門家によれば、八幡神は金属神の可能性をもっているらしい。それはそれでいい。だけど、どうしてその八幡が江戸の結界を守護しているのか⁉

答えはどこにも転がっていない。しかしヒントがないわけでもない。

千代田区神田駿河台《するがだい》に、太田姫稲荷《おおたひめいなり》という神社がある。ここは太田道灌《おおたどうかん》に直接の所縁《ゆかり》をもった神社だ。そしてここの境内には小さいながらも金山神社が祭られているのであった。

(太田道灌は金属神を信仰していたのでは?)

そんな仮説が立てられる。しかし江戸の広大な魔方陣すべてを道灌ひとりの信仰に帰してしまうのは、いくらなんでも無理がある。それに共通点があると言っても、八幡神と金山彦命は同一の神というわけではない。

大江戸のトライアングルを構成するのは、何者なのか。この問題はすごく気になる。けれども、どんなにジタバタしても、今の私にはまだこの謎を解き明かす力も技もない。

(レベルアップを図らなくては)

まるでファミコンのゲームのようだ。私はどこかでこの謎を解くための新たなアイテムを捜して、入手しなくちゃならない。それが発見されるまで、私はこの怪物をまたもや——残念なことながら、ひとまず放置することにした。

池にあるふたつの厳島神社が、結界の端を抑える重要なポイントであるのは、見たとおりである。ふたつとも水の神である弁才天・市杵嶋姫命《いちきしまひめのみこと》を祭っているものだ。江戸市街にも弁才天は小祀《しょうし》を含めると数多くある。その中で江戸城と最も所縁の深いのが、台東区上野公園の不忍池《しのばずのいけ》の弁才天だ。

弁天堂と呼ばれるここは、例の天海僧正《てんかいそうじょう》が建立《こんりゅう》した寺である。寛永寺《かんえいじ》を比叡山延暦寺に見立てた彼は、不忍池を琵琶湖に見立て、中島を築いたその上に、竹生島の弁才天を勧請《かんじょう》してきたのであった。

例のトライアングルで、弁才天が重要な役を担っているのなら、この神社もまた、結界に一役かっているんじゃないか。私はそう考えて、ラインを捜してみることにした。

結果——弁天堂の鬼門ラインに、弁天堂もあわせて四つのポイントが乗るのが見つかった。

東北へ向かうラインの上には、台東区上野公園内の摺鉢山《すりばちやま》と、千束《せんぞく》稲荷神社が見える。

弁天堂の南西にはこれもお稲荷様を祭った船光《ふなみつ》稲荷神社がある。

端を司った稲荷神社の成立年代は共に寛文《かんぶん》年間（一六六一～七三）。千束稲荷の方は、村の鎮守となったほどであり、やはりここが、ただの神社ではなかったことを匂わせる。

そして上野の摺鉢山だが、この山は伝説上では天海の住居跡といわれる場所だ。今は上野公園内のつまらない丘に過ぎないが、ここをラインが突き抜けるのも、きちんと理由があったのである。

そしてこのラインもご多分に漏れず、北の丸の田安門《たやすもん》の北端を射抜くラインであった……。

（やっぱり、昭和天皇は選びに選んだここの地で「野立《のだて》」を行ったんだ）

私は改めて確信した。

彼は「国見《くにみ》」をすることで、ラインの社寺に己《おのれ》の霊威を送りつけたに違いない。

東京の地霊は熊野と頼朝、八幡神。そして徳川幕府の霊だ。天皇にとっての大震災は、これら東夷《あずまえびす》の神が、西方の統治に逆らって起こした災いであったのだ。

（それらを抑えつけるため「弥生廟《やよいびょう》」を、天皇の聖地にしたんじゃないのかな？）

東京の呪術師達は、とんでもないことをやらかす奴らだ。しかし彼らにしてみれば、それが武蔵野の安泰を図る一番の術だったのだろう。

（それが成功したかどうかは、今は保留しておくけどね）

MAP14《江戸城縄張り図》

●弁天堂の鬼門ライン

①不忍池弁才天　台東区上野公園内
本文参照

＊鬼門へ

②摺鉢山　台東区上野公園内
本文参照

③千東稲荷神社　台東区竜泉二丁目
祭神……宇迦之御魂命　素戔嗚尊
由来……創建寛文年間（一六六一～一六七三）。北条氏に関わるといわれる。千東郷の氏神、のちに竜泉寺村の氏神となる。

＊裏鬼門へ

北の丸田安門　皇居内
本文参照

●馬場先濠ライン（馬場先濠の延長上）

④上野東照宮　台東区上野公園内
本文参照

⑤原稲荷神社　荒川区町屋二丁目
祭神……宇迦之御魂命　素戔嗚尊　事代主命（コトシロヌシノミコト）
由来……不詳。十五世紀には存在か。

●増上寺ライン

①増上寺　港区芝公園四丁目
本文参照

②愛宕神社　港区愛宕一丁目
祭神……火産霊命（ホムスビノミコト）　水波之女命（ミズハノメノミコト）　大山祇命（オオヤマツミノミコト）　日本武尊
境内神社……太郎坊神社（猿田彦命）　福寿神社（宇迦之御魂命）　弁天社

由来……創建慶長八年（一六〇三）、徳川家康によって創建。

③吹上御所　皇居内
本文参照

④日枝神社　豊島区駒込一丁目
祭神……大山咋命（オオヤマクイノミコト）
境内神社……日吉稲荷
由来……創建慶長年間（一五九六～一六一五）以前。

MAP 14《江戸城縄張り図》

第二次世界大戦を思うと、ちょっと皮肉な気持ちが起こる。これが完全に成功していれば、あんな惨事は絶対に、起こらなかったはずである。

（どこかに不備があったのか。それともあれは外国相手だったから、この術は通用しなかったのかな？）

くだらないことをふと思ったが、今は取り敢えず、まだ江戸だ。

未記述のラインを含め、江戸城がこれらのラインによって、如何《いか》に設計されたのか、地図を描いてみようと思う。

江戸城設計の法則が、ラインによって見えてくる。

江戸城はうっとりするような静謐《せいひつ》な結界に定められ、護られていたのであった。

これこそがまさに皇城《こうじょう》の鎮《ちん》。これこそが江戸の守護神なのだ。

そして私は地図を見おろし、唐突に真実を理解した。

これが、名城というものだ。

この結界に規定され、形作られた城こそが、四百年の威容を誇る名城の姿なのである。

江戸の呪術師

■道灌の城

江戸城はすごい城である。

太田《おおた》道灌《どうかん》築城以降、現代まで誰ひとりとして、破壊できなかった名城だ。

明治天皇が京都から、ここに来ざるを得なかった城だ。

私はこの江戸城を造った太田道灌に、呪術師《じゅじゅつし》としての顔を見た。いや、当時はこういった呪術のノウハウを持つ人こそを兵法家《ひょうほうか》と言ったのだろう。

築城に施される術は、すべて外敵の侵入を拒み、まどわすための呪術戦略だ。生身の人間を阻むため城の周りに掘られた濠《ほり》は、実は霊的攻撃からも、城を護《まも》るものなのだ。

目に見える敵と、見えない敵と――。その双方に対応できる堅固な城を築くことこそ、築城の奥義、護りのための兵法の奥義なのである。

太田道灌は江戸城で、それを実践してみせた。オカルティックなその才能は、特記すべきものである。しかし彼のその術は、残念ながらのちの徳川に比べると、まだまだ甘いものだった。

道灌の時代の江戸城の復元図を見て欲しい。ふたつの城の出来ばえの違いがそばに後期の江戸城をいやみったらしく置いてみた。ふたつの城の出来ばえの違いがはっきりわかるであろう。まだ道灌は、魔方陣を完全に使いこなしていない。ラインの多く集中している日比谷濠も活かしていないし、田安門《たやすもん》も空いている。

もちろん、それを単純に徳川のものと比べては、財力、権力の上からも可哀そうというものだ。しかも彼は暗殺という不遇の死を遂げている。もっと長生きしていたら、彼とて、もっと立派な城を建てていたかも知れないのである。

ちょっとフォローしてみたが、この太田道灌が暗殺されたいきさつが、結構、興味をそそられるのだ。

彼は自分の主君である扇谷定正《おうぎがやつさだまさ》という人物に、文明《ぶんめい》十八年（一四八六）に、五十五歳で殺されてしまっているのだが、これをなした扇谷、道灌暗殺の言い訳にこんなことを言っているのだ。

自分が彼を暗殺したのは、つまり「道灌の造った城が、堅固すぎるから殺したのだ」

MAP 15《太田道灌の城と江戸城》

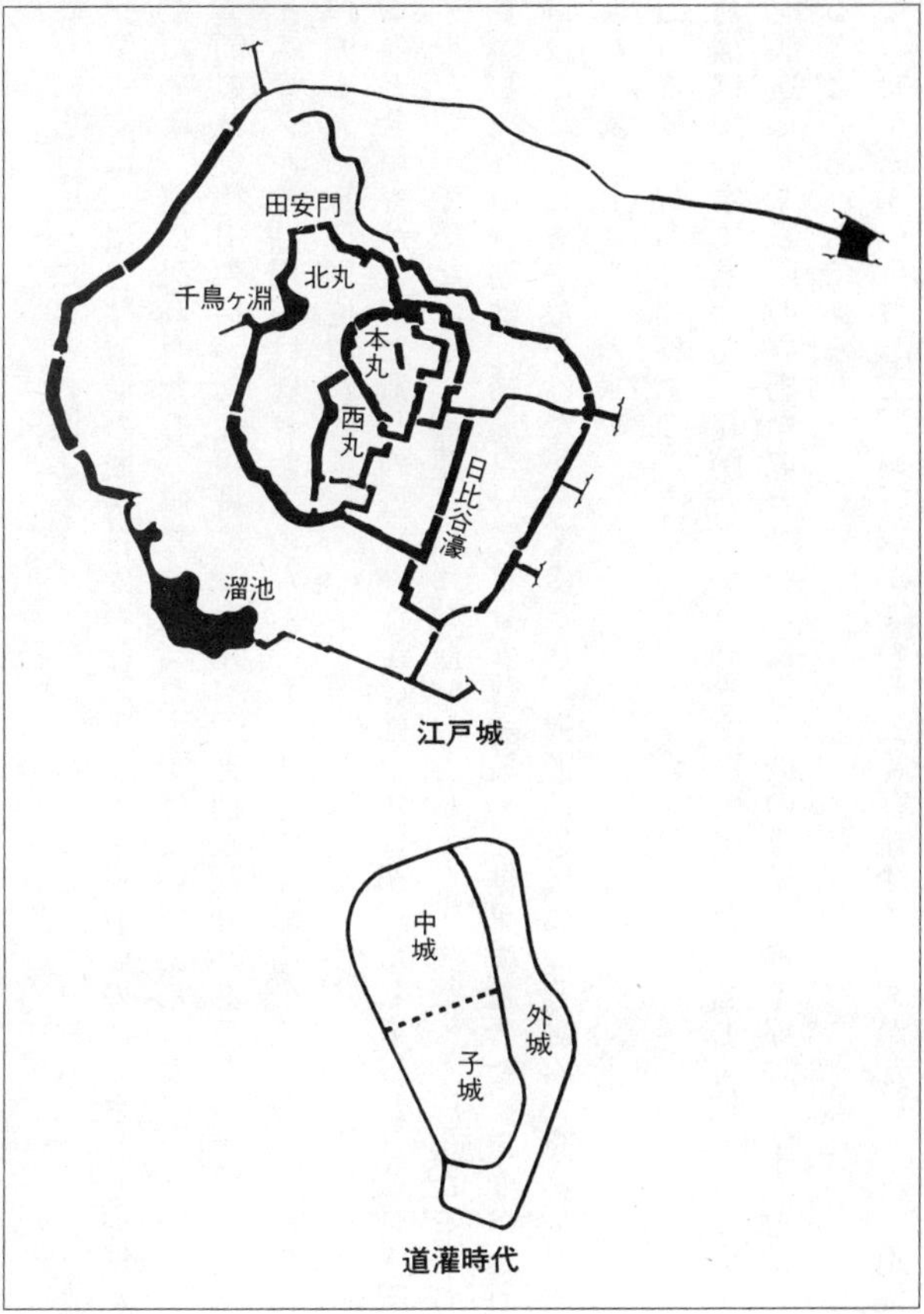

と。

これはどういうことなのだろう。

想像するに、扇谷は道灌の城が自分のそれより天下を取るのにふさわしい城だと看破したために、彼に恐れをなし、暗殺を企てたのではないであろうか。

道灌の城が徳川の造った江戸城にひき比べ、稚拙な部分があるといっても、例の大トライアングルの活用術は優れたものだ。そして中心の中城も、やはりラインに護られた江戸城本丸とほぼ同位置だ。

このとき扇谷がどんな造りの城にいたかは知らないが、もしも彼が武蔵野の呪術マニュアルを知ってたならば、道灌に恐れを抱いたとしても、決して不思議なことじゃない。

しかし扇谷の行動は、結局自分で自分の首を絞める結果になった。道灌は扇谷家の城で暗殺されてしまったわけだが、そのとき、道灌は最後にこう叫んで息絶えたのである。

「当方、滅亡!」

当方とは、むろん扇谷家のことだ。

道灌は扇谷家にとって、片腕ともいうべき家臣であった。もしも彼が心の底から扇谷に忠義を尽くす家臣の立場を取っていたなら、彼の築城の根本理論も主人を護る要塞を造ることにあったであろう。

その要《かなめ》をみずから殺して、扇谷家がこの先長く存続するはずがない……。道灌はそう思い、主君の不明を嘆いたのではないのだろうか。

この想像の真偽のほどを調べる手だては存在しない。が、それから十年と経たないうちに、扇谷家は失墜している。

江戸の魔方陣を治めた者を、みずから殺してしまった報いは、てきめんだったというわけだ。

道灌の後は、上杉と北条がこの地を支配した。しかし二家はこの城の価値をたいして認めなかった。マニュアルが渡らなかったのか。あるいはそれを知っての上で、手に余るとして放っといたのか。

どのみち、江戸城に住まなかった彼らは、ついに武蔵野の覇者になることは叶《かな》わなかった。江戸に住むことを選ばなかったというよりも、江戸に選ばれなかったというのが、正しい言い方なのかも知れない。

武蔵野のお眼鏡に適《かな》うのは、それほどに難しいことなのだ。

過去を振り返っても、武蔵野を完全に統治した者は皆無といっていい。江戸の名称のもととなった江戸氏を始め、この地方には豊島氏・葛西《かさい》氏・足立氏等、豪族達がいるにはいたが、彼らに武蔵野全体を掌握する技量はなかった。その後に入った頼朝も、江戸に城は築かなかった。鎌倉幕府と戦った新田《にった》も同様、最後まで、江戸の一氏族の域から出ない。江戸城を築いた道灌でさえ、結局は主人を持つ身の上だ。

江戸の地を掘り起こしてみれば、縄文時代を遡る石器まで発見されるというのに、この武蔵野に王城を築いた者はひとりもいないのだ。

価値を見いだせなかったのか。それとも疎まれていたのであろうか。

ともかく、武蔵野の地霊は、自分らの価値を認めて充分に活用してくれる人間の出現をひたすら待っていた。道灌よりも野望を持って、道灌よりも呪術的力の強い人間を。

空白の時期は長く続いた。――そして百年。家康が、江戸に入ってきたのであった。

■江戸城築城

天正《てんしょう》十八年（一五九〇）八月一日。いわゆる八朔《はっさく》の吉日に家康は江戸入りを果たす。

天正十八年は寅年。当時の彼の居城のあった駿府《すんぷ》から見ると、江戸の地は東北東、干《え》支《と》では寅。そして家康も寅年である。

つまり寅年生まれの男が、寅年に、寅の方角に引越しをしたというわけだ。このときからもう、家康のある種のこだわりが見て取れる。

しかし家康は江戸に入って、すぐに城の改築に取りかかったというわけではない。城はぼろぼろだったらしいが、彼は慶長《けいちょう》八年（一六〇三）に、征夷大将軍《せいいたいしょうぐん》の位を得るまで、城の整備をせずにいた。

この征夷大将軍という名称は、いうまでもなく、坂上田村麻呂《さかのうえのたむらまろ》から始まる。元々は大和朝廷に服さなかった蝦夷《えみし》を征するものの長の名称だ。そして蝦夷の指す意味は、まつろわぬ東方の蛮人だ。

頼朝以降、この名は単なる武士の頭領を表すための代名詞になったというが、想像するに、この位を得て初めて家康が城の改築に着手したということは、単に己《おのれ》の位に応じた城が欲しかったといった、単純な理由ではなかったと思う。

彼は武蔵野の夷《えびす》を統《す》べる位を己が手に入れるまで、ここの地霊を抑えることを控えていたに違いない。

この謙虚さが、武蔵野の地霊の気に入ったのであろうか？

それはさておき、この時点では、家康はまだ武蔵野を抑えにかかっている立場である。彼はそして見事、この地を制することになるのだが……。

地霊の守護を得ることは、すなわちそこの地霊サイドにつくということである。家康は後に自分の子孫が、東夷《あずまえびす》そのものになることを、果してこの時点で、どこまで予想していたのだろうか。

ともかく征夷大将軍になった徳川家康は、慶長十一年（一六〇六）、藤堂高虎《とうどうたかとら》に命じ、本格的な江戸城築城にとりかかる。

この高虎は、城の設計＝縄張りの名人ということで、家康に用いられた男だ。初め、高虎は江戸城の縄張りをすることを辞したそうだが、家康はそれを許さずに、敢えて彼にやらせたという。

家康がそれほど固執した高虎の縄張りというのはいったい、どんなものであったのか。江戸城以前に彼の造った城が全然わからないので、私には何ともいいようがない。だが江戸城の出来ばえを見れば、おのずと答えは出てくる。

高虎は江戸を統治する家康の願いを実現できる、技とマニュアル活用術を持った男であったのだ。そしてその技術を持つ彼に、世間は「縄張りの名人」という名前を与え、賞賛したのだ。

その高虎が江戸城の縄張りに着手して、約一年後。家康は中井大和守正清《なかいやまとのかみまさきよ》に、天守の造営を命じるのである。

京都からわざわざ呼ばれたこの人物は、京都御所の造営を担当した凄腕の男だ。御所が現在に至るまで、鬼門《きもん》鎮護やその他陰陽道《おんみようどう》に適った造りを残しているのは、よく知られている。

この正清の建てた天守が、如何《いか》なるものであったのか。これも今は残念ながら、窺い見る術《すべ》はない。場所的には現天守より南に位置していたという話だが。……うーん。残念。さすがというか、家康の建てた江戸城は今に至るまで謎のままなのだ。

ただ、ちょっとひっかかるのが、この天守が元和《げんな》八年（一六二二）、二代将軍秀忠《ひでただ》によって建て替えられていることである。現在に残る天守の位置は、このとき以来のものだというが、秀忠がどういう理由でもって天守の位置を動かしたのか、理由はいまだわかっていない。

風水的な理論では、家長の生年月日によって、その家の吉凶の方角がすべて変わってくるという。それをここにはめてもいいが、それなら将軍が代わるたび、江戸城は改築しなければならないということになる。

実際、江戸城は家康以降、かなり手を入れられている。しかし天守は、秀忠が移して以来、何百年もその位置のままである。ということは、こと天守においては、家長ひとりの吉凶を超えた存在ということになり、家康のそれより、秀忠の建てた天守の方が、江戸を護《まも》るという点で、位置的に優れていたことになる。

何で「位置的」かというと、天守は何度も火災にあって、そのうち不要と見なされて修築しなくなるのだが、土台だけは位置を変えずにその場に残っているからだ。

建物自体は不要でも、その場所を抑えておくことは必要だったというワケだ。

（しかし、家康の建てた天守のどこに、不備があったのだろうか？）

ぼんやり考えているうちに、面白い資料をひとつ見つけた。

天守だけでなく、江戸の呪術《じゆじゆつ》計画を知る手がかりとなるものなので、ここに紹介しておこう。

この地図は寛永期《かんえい》（一六二四〜一六四四）のものなので、秀忠が天守を移築してから、ずいぶんあとのものになる。したがって天守に向かう三つの道は、天守が造営されたあと整備されたと見る方がいい。

以前にも言ったが、道というのは霊気を通すものである。そして天守はその城の権威を象徴するものだ。

天守に延びる北よりの二本の道は、それぞれが浅草橋と江戸橋に接する。橋も霊気を通すもの。そしてそれより、これらの橋は両方とも、水の流れを二方に分ける分岐点に架けられている橋なのだ。これも結界の一種であろうか。

富士山に向かう本町《ほんちょう》通りは、私が見つけたラインと似たような法則で、内濠《うちぼり》の突端を横切っている。道が霊気を伝えるならば、このラインは富士の霊気によって護られているといえるであろう。

そしてこうやって結界をさらに強化した結果、天守は動かさなかったというより、動かせなくなってしまったというのが、本当なのではないか。

秀忠が天守を動かした理由自体はわからなかったが、私はそんなことを思って、この件を納得することにした。

MAP 16《道の山志向》

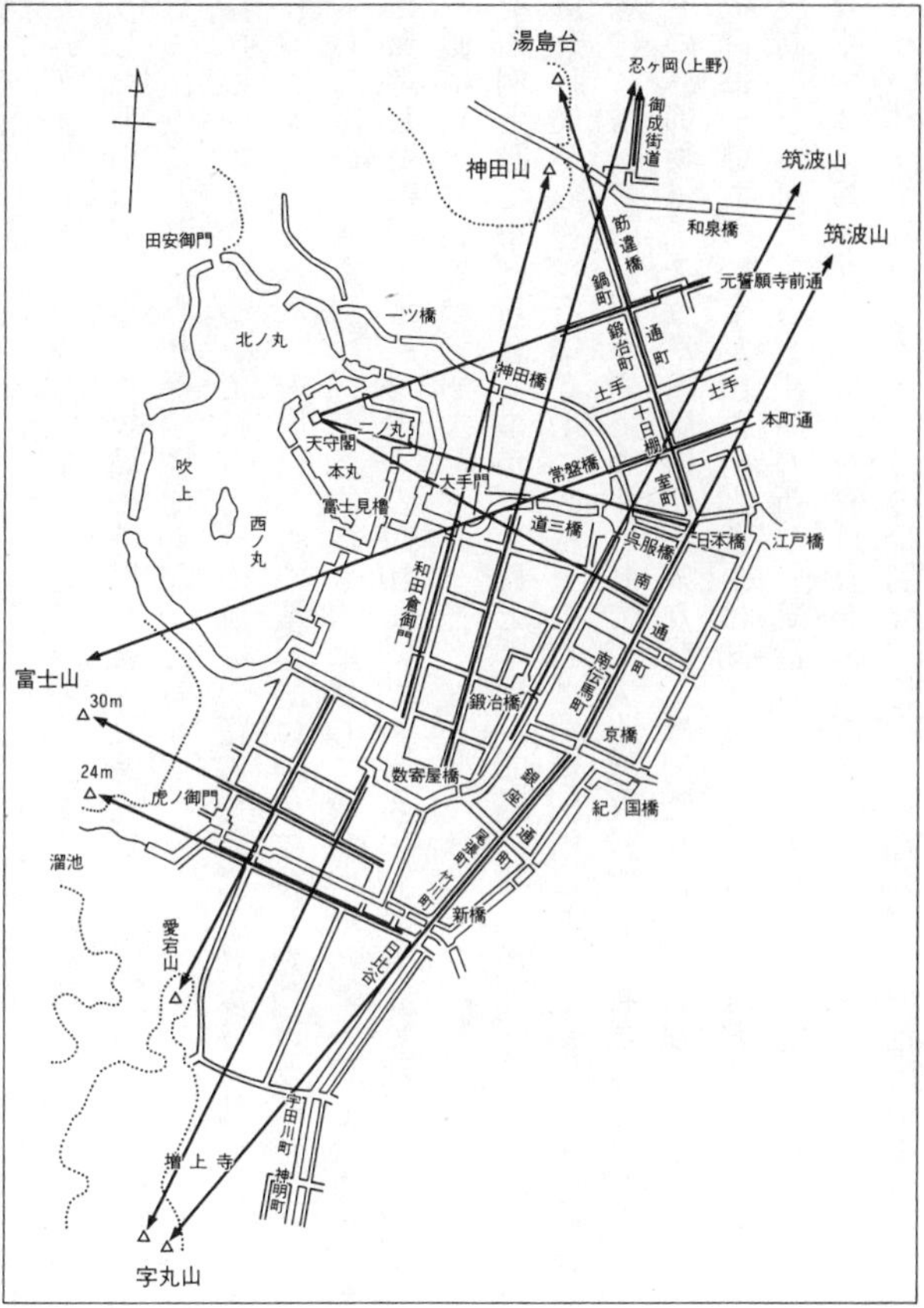
湯島台
忍ヶ岡（上野）
御成街道
神田山
筑波山
筑波山
和泉橋
筋違橋
鍋町
元誓願寺前通
田安御門
一ツ橋
北ノ丸
鍛治町
通町
神田橋
土手
土手
本町通
十日棚
天守閣
二ノ丸
本丸
吹上
大手門
常盤橋
室町
富士見櫓
道三橋
呉服橋
日本橋
江戸橋
西ノ丸
和田倉御門
南
通
町
南伝馬町
富士山
30m
鍛治橋
京橋
24m
数寄屋橋
銀座通町
虎ノ御門
紀ノ国橋
溜池
尾張町
竹川町
新橋
日比谷
愛宕山
宇田川町
増上寺
神明町
宇丸山

話を家康の時代に戻そう。

彼が寛永寺を始め、多くの社寺を創建、再築したことは、いまさら言うまでもない。そうした理由は表向き、大坂城の蓄財消耗のためということになってるが、それがすべてじゃないことも、繰り返すまでもないだろう。

江戸の中の社寺については、自分の所領を護るため。それ以外の社寺については、マーキングを行うために、家康はしごく積極的に神仏に渡りをつけたのだ。

もちろん彼は無差別に、宗教的なものに対して敬意を払ったわけじゃない。熊野や八幡は保護したが、土俗的で得体の知れないモニュメントに対しては、むしろそれを規制する側に回っているのであった。

その例として挙げられるのが、板碑《いたび》と呼ばれる石の卒塔婆《そとば》だ。

鎌倉時代から約四百年。主に武蔵を中心に関東一円に普及した、板碑と呼ばれる一種の塚は、秩父《ちちぶ》産の緑泥片岩《りょくでいへんがん》でつくられて、大小様々。宗旨も特に限定されない、民間サイドの信仰物だ。それが家康の江戸入り後、ぱったり造立されなくなるのだ。

板碑についての禁令が出たかどうかは知らないが、実際、途絶えたということは、自主規制にしろ何にしろ、江戸の新しい統治者が、このテの筋の通らない——宗派も祭主もぐちゃぐちゃな——ものを喜ばなかった証拠であろう。

こういう淫祀《いんし》といわれるものの規制は、徳川のみならず、明治政府も行っている。一見、官僚主義にも思えるこれらの規制は、だがしかし、呪術で土地を統轄するには、有効な手段なのである。

民間サイドの、統治されないいろんな宗教・呪物の類は、為政者側の呪術にとってはノイズに等しいものである。

施したオカルティックな技が滞りなく、江戸城や江戸自体を護るには、なるべく周囲をきれいさっぱり、見通しよくするのが肝要だ。テレビ電波と同様と思っていただければいいだろう。余計な電波や建物があれば、届く画像（＝霊的効果）はそれだけ映りが悪くなる。

私個人の意見としては、こういう淫祀の敗退は残念なことに思えるが、私とてテレビが映らなければ、ノイズに腹を立てるのだ。致し方のないことだろう。

しかし家康はこうやって築き上げた江戸城に、実はあまり住んでいない。

彼が江戸入りしたのはすでに五十歳になってからだが、元和二年（一六一六）に没するまで、江戸滞在期間は延べで五年一カ月ほどである。しかもその晩年は駿府の城を建て直し、そこに隠居してしまうのだ。

これは理解に苦しむが、江戸を統《す》べるにはもう、年を取りすぎていたということだろうか。取り敢えず武蔵野に徳川の匂いをマーキングしたことで、彼は安心したのだろうか。

（それとも私には見いだせない意味が、どこかに隠れているのか）

色々と臆測してしまう。しかし、まあいい。彼は死して後、東照大権現《とうしょうだいごんげん》として、この江戸に生前以上の絶大な力を及ぼすのだから。そして江戸には、家康を凌ぐほどのオカルティックな力を有した将軍が、姿を現すのだから。

――徳川家光の登場だ。

■「黒衣の宰相」天海

秀忠の子、家光は三代目の将軍である。しかし彼は自分のことを「二代将軍」と語っていた。

随分と、父をないがしろにした言い方だ。しかし私は彼の所行《しょぎょう》を色々調べて、この言い方に隠れた含みがあるように思えてきたのであった。つまり「二代将軍」は「二代征夷大将軍」ではないかと思ったのである。そして彼にそれだけの自信をつけた人物は、黒衣の宰相《さいしょう》の異名をもった、天海僧正《てんかいそうじょう》ではなかったのかと、想像するに至ったのだ。

天海という人物は多くの謎に包まれている。

徳川三代の将軍に仕えたほどの人物ながら、出生年だけでも十二通りの説があるというありさまだ。出自も謎で、会津の葦名《あしな》氏の血筋だという地味な説から、足利十一代将軍義澄《よしずみ》の子供との説。そしてさらには、明智光秀本人だという、面白オソロシイ説まであって、こう聞くだけで私など、その胡散《うさん》臭さにくらくらとしてしまうほどの人物なのだ。

徳川に仕える以前の彼は、甲斐《かい》の武田信玄に仕えていたという話だが、これも確たる証拠はない。

ともかく謎だらけの彼が、家康の元にやってきたのが慶長《けいちょう》十三年（一六〇八）か十五年。そこで彼は、あっという間に家康の寵臣に納まるのである。

「これより眷注《けんちゅう》あさからず、常に左右に侍して顧問にあずかり、それ（＝天海）が申すところのこと、一事として用いられずということなし」――『徳川実紀《とくがわじっき》』

すごい重用ぶりである。

その政治的手腕のみならず、彼は呪術師《じゅじゅつ》としても、卓抜した才を持っていた。

まず公の記録としては、家康の元に赴く以前の文禄《ぶんろく》二年（一五九三）、大旱魃《かんばつ》のこの年に、天海は祈雨《きう》の呪法《じゅほう》を行い、見事、雨乞いに成功している。そして妖しい噂としては、家康が豊臣方と対立したとき、彼が呪術で有力な大名達――浅野長政《あさのながまさ》・加藤清正《かとうきよまさ》・真田昌幸《さなだまさゆき》・前田利長《まえだとしなが》・堀尾吉晴《ほりおよしはる》らを次々と呪殺していったというものがある。

こういう人間を、自分の敵に回すのだけは嫌である。しかも彼はすばらしく切れる頭を持っていた。

家康が大坂冬の陣の口実にした、方広寺《ほうこうじ》の梵鐘《ぼんしょう》事件は、日本史を授業でとった人なら、記憶に残っていることだろう。秀頼が造った梵鐘にある「国家安康」の一文が、家康の名をふたつに切っての呪詛《じゅそ》だと、難癖をつけた事件だ。それを家康に入れ知恵したのも、天海であるといわれているのだ。

私は実際、その鐘を京都に行って見ているが、びっしりと鐘に記された銘文の中から、あの文字を見つけて因縁つけるだなんて、よほどの性格の持ち主である。

もちろんみずから呪術を操る人間ならば、そういう文物に、人並以上に過敏になる気持ちはわかる。しかし……、

（やっぱり、絶対に敵にはしたくないタイプだな）

私はそう思ったが、半面、彼を味方にすれば心強いことこの上ない。家康もそう考えて、天海を寵用したのであろう。

とはいえ、家康の隣にはもうひとり、金地院崇伝《こんちいんすうでん》★という僧侶の存在があった（例の梵鐘事件の首謀者は、崇伝だという説もある）。

天海と崇伝は、どちらも家康の死の間際、枕元に呼ばれたほどだが、どうやらこのふたりは以前から対立関係にあったらしい。そして家康の存命時には、崇伝の方が天海よ

りも権力を握っていたらしかった。天海がそれをどう感じていたのか。

天海は家康の死後すぐに、葬儀について崇伝と衝突することになる。

家康の遺体は遺言により、唯一神道《ゆいいつしんとう》の作法によって久能山《くのうざん》に葬られたが、その葬儀の済んだあと、天海はいきなり、この埋葬は遺言と異なっているとして、異議を申し立てたのだ。

遺言は前述のように崇伝と天海、それに本多正純《ほんだまさずみ》を呼んで告げられている。間違えるはずのないそれを、どうして天海が違うと言うのか。家臣は当然、仰天したが、なかでも崇伝は怒り狂って、天海を狂人よばわりまでした。しかし天海はそれにひるまず、

「和僧が何を知っている。差し出がましい口を開くな！」

こう言って、やり返したのだ。

結果、崇伝は負け、家康は翌年、天海の山王一実神道★★により、日光に移されることになる。

★金地院崇伝［こんちいんすうでん］一五六九〜一六三三。足利家の家臣の子供で、鎌倉建長寺や京都南禅院の住職等も務めた、徳川家の腹心。外交文書の担当で、伴天連追放令を起草し、また公家や武士などの取り締まりにも参画した。禅宗僧の出世を左右する実権を握り、僧侶の規制強化に当たった。しかし大徳寺系の沢庵などを流罪にした「紫衣事件」が世の不評を買って「大欲山気根院僭上寺悪国師」などと呼ばれてしまうことになる。

「和僧が何を知っている」――この言葉には、インパクトがある。

私にはそれは、「江戸の結界の掟も知らない、お前に何がわかるんだ」、そう言っているように聞こえるのである。

この争いの経緯のなかで、どうして崇伝が自分の主張をひっこめたのかはわからない。家康につける神号を巡っての争い★に対しては、それなりの理屈もあるのだが、それと埋葬場所の移動は、ひとつに繋げては考えられない。

ここで場所の移動について、天海がいかなる説明を崇伝達に聞かせたか、私は非常に気になるのである。

しかももうひとつ、天海の行動には腑《ふ》に落ちないことがある。

埋葬に異論があるのなら、家康が葬られる前に、異議を唱えるべきだろう。それなのに彼は葬儀が済むまで、わざわざ口を閉じていた。これは何か、考えがあってのことなのではないか。

私はそれは天海が、久能山の土地の力を欲したためだと考える。

久能山がそれなりに呪力をもった場所だというのは、すでに高藤晴俊氏らが推論を立てていることだ★★★。私はまだそこにまで、手を広げるに至っていない。が、もしそこがオカルティックな視点から見て優れた土地であるのなら、天海はそれを知っての上で、家康をいったん埋葬させて、霊威を宿すマーキングをさせたのではないのだろうか。そしてその後、久能山より力の強い日光に、家康を永眠させたのだ。

（久能山と日光か……）

またまた謎が増えてしまった。これはもうどうあっても、日光に行かなければならないだろう。私は部屋でジタバタしたが、しかし今はもうちょっと、私は江戸にいなければならない。

天海の江戸での活躍はこれからが本番なのである。

崇伝をやりこめた天海は、ここで完全に崇伝と袂《たもと》を分かつことになる。二代秀忠の時

★★（P167）山王一実神道［さんのういちじつしんとう］　比叡山で発達した天台宗系の神仏習合神道。山王を祭る日吉神社がその思想の中核にあり、のちに摩多羅神を本尊とする玄旨帰命壇［げんしきみょうだん］と結びついた。これらを山王神道といい、山王一実神道自体は天海のオリジナルである。その思想については不明な点が多く、秘教的性質を帯びている。
★神号の争い　家康の死後につける神号について、天海と崇伝が対立した事件。崇伝は「明神」号を主張したが、天海はそれを、敗退した豊臣の号（豊国大明神）と同じであるから不吉とし、「権現」号を主張、勝利した。なお埋葬場所の移動については、初めから家康の指示があったという説があることも、つけ加えておく。
★★★久能山の呪力　日光東照宮の神宮高藤晴俊氏によると、久能山と日光は富士を介してラインを結ぶという。しかし、実測上ではこうはならない。その真実は本文にて。

代になって、崇伝は外交事務職と寺社行政職とを兼任し、一方天海は社寺の行政管理に専念するのであった。

地位的な上下から見れば、崇伝の方が位が高い。しかし私はこの配分、天海がみずから望んでのものではなかったか、と思うのだ。

彼がどれほど権力欲をもっていたかはわからない。だがもし天海が想像どおり、武蔵野の呪術マニュアルを手中に収めていたならば、現実的な権力なんかに意味を見いだしはしないであろう。人の上に立つよりも、武蔵野自体の神霊を統治する方が、絶対に面白いに違いない。そういう意味では、天海の方が崇伝よりも何倍も権力志向が強いといえる。

その上、彼が伝説どおり、強力な霊力をもっていたなら、自分の作った結界で、武蔵野の気が整って、変化していくその様を肌で感じられたであろう。

私だって、こういうことができる立場にあったなら、そっちの方を選択していた。残念ながら、私はただのモノ書きにすぎない凡人なので、アレコレ想像してみては、うずうずしているだけなのだけど……。

閑話休題。

社寺の管理を自由にできる力を持って、天海はやっと思うさま、江戸をいじれることになった。とはいえ、彼が本格的に江戸の結界に着手するのは、秀忠が退いたあと、家光の時代になってのことだ。彼は家光と協力し、この後、武蔵野の霊力を総結集した都市計画を実行に移すのであった。

■覇者の条件

前項の初め、家光が「二代将軍」を名乗ったのは、天海と関係があると記した。別に文献的な根拠があるわけではないのだが、家光が天海と行った仕事を眺めていくにつれ、私はある種の確信を抱くようになったのだ。

家光が生まれたのは慶長《けいちょう》九年（一六〇四）。天海が幕府に加わったのが、慶長十五年だとしても、家光は天海と幼い頃から一緒にいたことになる。天海が将軍の側近く仕える身分であったなら、家光に接触できる機会も少なくなかったに違いない。

そして。……よおし、はっきり言おう。私は、天海が家光に宗教教育を施して、結界構築のバックアップをさせたと想像してるのだ。

江戸の結界は建築物の力で保たれている。ならばその土地を自由にできる権力者を賛同させねば、事はなかなかはかどるまい。特に江戸城普請については、天海がいかに力説しようと、将軍が頷《うなず》くことがなければ、呪術《じゅじゅつ》に有効な設計をすることは絶対、叶《かな》わない。

天海はそう考えて、幼い頃から家光を二代将軍——二代征夷《せいい》大将軍として、教育したのではないのだろうか。

いや、すでに老齢の天海が、そこまで辛抱強く、家光の台頭を待つのは不自然だ。自分の寿命を考えて、天海は自分のなし得なかった部分を家光に補わせるため、彼に呪術マニュアルを教えていたと見るべきだろう。

「家康様が武蔵野に礎《いしずえ》を築いた方ならば、あなたはその上に立派な城を——、後の世まで滅ぶことのない城を築いて、武蔵野の真の覇者とおなりなさい」

そう言ったかどうかは知らないが、天海のそばで育った家光は、自分の時代を迎えて後、武蔵野の霊威を存分に活用した都市改造を、精力的に行うのである。

そして幸いにも、驚くべき長寿を保った天海も（九十歳から百三十五歳説まである）、その計画に荷担して、滅ぶことのない呪術的要塞を造り上げたのだ。

はっきり言って天海は、秀忠には期待していなかった。政治的手腕はどうであれ、宗教的な能力に、秀忠は欠けていた節がある。

天海の秀忠に対する評価がどんなものであったのか。それは秀忠が死んだ後、彼の遺体が寛永寺《かんえいじ》でも、むろん東照宮でもない、浄土宗の増上寺《ぞうじょうじ》に葬られたことからも推察できる。

増上寺は後、六代将軍以降の供養を、寛永寺と交代で行う寺だが、残念ながら、この寺院、MAP14で示したとおり、大トライアングルの構成から外れる。結界の上では大きな役目を負う寺院ではないのである。

もちろん、これらの結界は天海が駆使したものだから、増上寺が軽視されるのは、仕方のないことである。だが秀忠の霊が江戸結界に重要なものであったなら、天海は家康のときと同様、その霊を重要ポイントに祭ることを強行したろう。

そしてもうひとつ。

家光サイドの秀忠への扱いは、江戸城普請にも現れる。家光は寛永六年（一六二九）、秀忠が造営してからまだ十年も経ってない江戸城をすべてぶっこわし、改築してしまうのだ。

外濠《そとぼり》、二の丸、本丸、天守、三の丸と、家光は徹底的に修築していく。そしてその間に、彼は東照宮、寛永寺をも完成させていくのであった。

江戸城の修築は、世に天下普請といわれるが、その実体はその名のとおり、天下を普請し直すことにあったのだと、私は思う。

今や座右の書となった『東京神社名鑑』で、二十三区の神社のうち、家光が関わるものを数えてみると、四十九カ所にものぼる。それに比べて秀忠は、家康死亡時に六カ所ばかり建てたり修築したりした他、たったの八ヵ所——全部で十四の神社にしか関わりを持っていないのだ。

秀忠の時代は家光よりもちょうど十年短いが、それをさし引いたとしても、秀忠は神社に関心薄く、逆に家光はあまりにも社寺創建に熱心である。

（ちなみに家康、太田道灌《おおたどうかん》は共に二十八。家綱十四、綱吉十八ヵ所である）

そんな中で、家光が建立《こんりゅう》したり、移動修築を行った、主な社寺を並べてみると——。

天海存命中に——寛永寺・西本願寺別院・江戸の五色の不動尊（すなわち、目黒、目赤、目黄、目青不動。目白不動は秀忠時に建立）・霊巌島《れいがんじま》霊巌寺・深川八幡・山王権現《さんのうごんげん》（後に移動）、湯島聖堂（後に移動）・富岡《とみおか》八幡・井《い》の頭《かしら》弁才天・東海寺・泉岳寺《せんがくじ》。

天海没後——佃《つくだ》島住吉神社・谷中《やなか》感応寺五重塔・浅草寺五重塔と観音堂。

今にまで残る、そうそうたるメンツがこの時期に揃っているのであった。それのみならず、山王祭りの大祭化、寺院の創建規制、寺社奉行の設置等、家光は社寺に積極的な政策を執っているのであった。

日光社参にも七回ほど行ってるし（天海の死後は一回だけというのは笑える）。まったく大したものである。

こうした社寺の創設・移動は、五代将軍綱吉の頃まで、活発に行われている。そしてそれらが落ちつきをみせるのが、六代家宣《いえのぶ》以降だ。代々伝わった呪術マニュアルが、一段落ついたのだろう。そしてこの六代目以降、将軍の供養は増上寺と寛永寺の交代制になるのであった。

その理由については言うまでもない。魔方陣を整えおえて、寛永寺サイドは以前のように将軍の霊を確保する必要がなくなったのである。

死して護国の鬼となる——。歴代徳川将軍もまた、おのが魂を江戸に捧げて、みずから江戸を守護するための地霊の中に加わったのだ。

国を治めるということは、なんともすさまじいことである。だが、こうまでしても武蔵野は権力者達に欲されたのだ。そんな魅力が、この土地のどこに潜《ひそ》んでいるのだろうか。顔を上げ、東京の空気を嗅いでも、私にそれはわからない。

私はここでもう一度、東京の地図を部屋に広げた。

魔方陣が、隙のない様子で江戸を護《まも》っている。

四神相応《ししんそうおう》。西の熊野の呪術要塞。見立て風水。数々の二等辺三角形……。

偶然と必然に導かれ、出てきた答えがここにある。その魔方陣の緻密さは、驚嘆に値するものだ。だがこの仕掛を裏から見れば、この地はこうまで綿密にあらゆる呪術を駆使しなければ、治まらなかったということでもある。

魔方陣が複雑な護りを見せれば見せるほど、この武蔵野の地下に蠢《うごめ》く「まつろわぬ者」の力の強さを、私は感じてしまうのだ。

（武蔵野は時代の覇者達に、決して愛された土地じゃない）

私はそんなことを思った。武蔵野は時代の覇者達に、何よりも――己《おのれ》の魂を犠牲にせねばならないほどに、恐れられた土地なのではないか。そして見事、この土地の地霊を治めた者こそが、権力、富貴《ふうき》、あまたの力を手に入れることが叶うのだ。

そしてそれが、それこそが、覇者の条件なのではないか。

あらゆる神と仏とを、永遠に武蔵野の地に捧げ、そこを護り続けていくこと。みずから武蔵野の地霊となること。それを交換条件に、江戸に誇った徳川幕府は、武蔵野の呪術マニュアルを、何者かから託されたのではなかったか。そしてそれを行うことが、真の江戸・東京の都市計画ではなかったか。

私は地図に頷いた。そして、そこまで畏怖《いふ》された武蔵野の地霊の正体を、解き明かしてみたいと思った。

八幡神。熊野。頼朝。そんな名が浮かび上がってくる。

大江戸魔方陣を作った彼らが、地霊の正体なのか。それとも、彼らもまた、武蔵野に魂を捧げたひとりであるのか。

その謎が開封されたとき――、歴史の闇の中に隠れた、正真正銘の武蔵野の覇者が姿を現すはずだ。

日光魔方陣

武蔵野の地霊を顕現させよ

■呪術師達の集会所

私は日光に行くことにした。

江戸の魔方陣をひととおり解き明かしてはみたものの、私の気分は「スッキリ」というのにはほど遠かった。

最初から顔を出し続け、いまだに正体がぼやけたままの疑問が山のようにある。何度も何度も出てきては、疑問ばかりを残す神――熊野、頼朝、八幡神らの出自は依然見えないし、それら神仏の共通点がどこにあるかもわからない。四神相応《しじんそうおう》の疑問についても、北の玄武《げんぶ》に関しては今もって答えの糸口すらない。

魔方陣の形はわかったが、中身が見えてこないのだ。それが明かされない限り、武蔵野の呪術《じゅじゅつ》の謎は解けない。しかし答えをこれ以上、東京都地図に追うのは無理だ。たとえ方法があったとしても、行き詰まった今の私に、それを見つける手だてはない。その方法論を捜すため、新たな視点を得るために、私はいったん眼差しを日光に移すことにした。

もちろん、単にヤケを起こして日光に行くわけじゃない。それは読者の方々も、すでに承知のはずである。江戸の魔方陣の中、寛永寺《かんえいじ》ラインに乗っていた慈眼寺《じげんじ》によって、日光は北方鎮護に関わりがあるとされていたのであった。これが四神の最後の相手──玄武の鍵になるかもしれない。私は期待したのであった。

それのみか、私は旅に出る前、すでにひとつのラインによって日光に目星をつけていた。以前、他の本にも記した、将門調伏《まさかどちょうぶく》ラインである。

これは平将門を制圧する側に回った人物等に所縁《ゆかり》をもった社寺で構成されるラインだ。その本（『平将門魔方陣』）ではこの直線を将門を東京に封じるための防波堤だと記したが、実はこのライン、他にもいくつか解釈の仕様が存在するのだ。

見ればすぐに知られるように、このラインは日光と江戸、そして鎌倉とを関係づける不思議なラインでもあるのである。

江戸で散々頼朝に悩んで、ここでまた彼の登場だ。そして日光には頼朝が主神格で祭られている。これを見逃すテはないだろう。

日光には北方鎮護の秘密の他に、頼朝の謎を解く鍵も存在しているはずである。

そしてもうひとつ。天海《てんかい》の呪術的ノウハウの秘密をも、日光は握っているはずなのだ。なぜならこの日光こそは、天海が正面から取り組んだ宗教世界の具現の地だからだ。江戸は天海僧正以降の呪術師達も頑張ったので、すべてを彼の業績に帰するのは憚《はばか》られる場所だ。だが日光は天海より後、ほとんど建物の建築場所には変化のない土地である。

ここを洗えば、彼の呪術の構造が露《あらわ》になるはずだ。彼の呪術の偉大さや、あるいは拙《つたな》さもわかる。そしてその向こうには、天海の素顔も見えるであろう。

私はそれを期待した。

「日光を見ずしてけっこうと言うなかれだっけ?」

腰の抜けるようなダジャレだが、今の私にはそれなりに深みをもった言葉に思える。よし、日光に行き、ケッコウと言ってやろうではないか!

大江戸魔方陣に浮かび上がった数々の疑問の答えを求めて、私は東京の北に位置する日光に向かったのだった。

今回は、地図を探索する前に、自分の目でまず日光の社寺を見ようと考えた。当然、地図を調べればトライアングルやラインは山ほど出てくると思っているのだが、最初にそれをやってしまうと、先入観が先に立つ。

MAP 17《将門ライン》

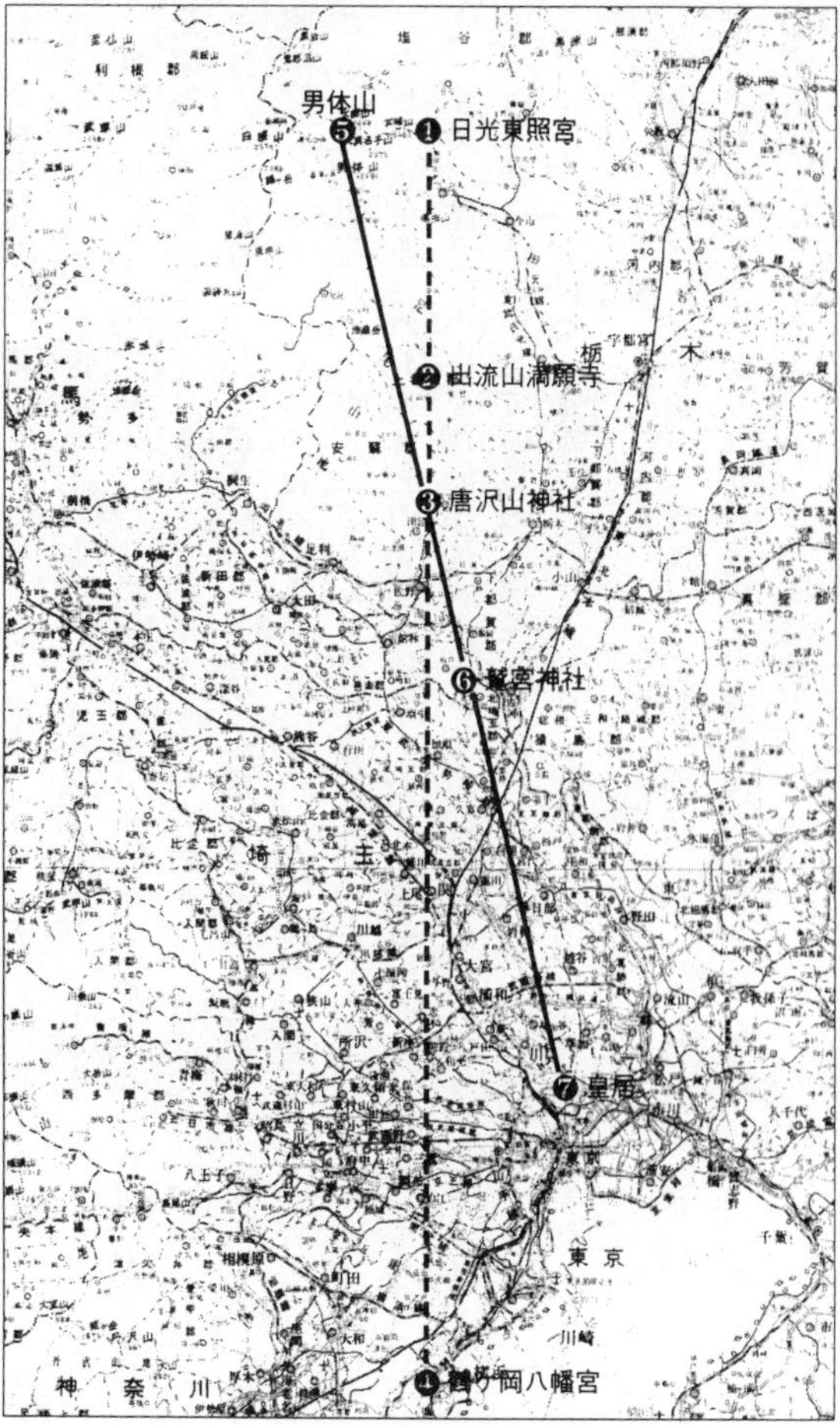

『平将門は神になれたか』(加門七海著)
ペヨトル工房より

ヘタな小細工で、見えるものまで見えなくなっては大損だ。思考をクリアにするために、私はわざと、地図にマークをつけるのを後回しにしておいた。

日光は私にとって、初めて行く場所じゃない。しかし目的が異なれば、訪れた地もまた違った顔を見せてくれるはずである。私はやや緊張し、日光に足を踏み入れた。

日光は広い町ではないが、見るべきところは多くある。私はちょっともったいぶって東照宮を最後にし、周辺の社寺から見ることにした。案外、知られていないようだが、ここには東照宮の他にも、たくさん社寺が存在するのだ。

そして滝が多いのも、日光の大きな特徴である。華厳《けごん》の滝はいうまでもなく、白糸の滝、龍頭《りゅうず》の滝と大小様々な滝が流れる。そして滝の付近にはだいたい、日本の場合においては、神社が存在しているのである。

私はそれらを観光気分で、ぶらりぶらりと訪ねていった。神社仏閣を訪ねる旅で、退屈したことはない。

ディズニーランドで遊ぶときより、楽しく感じてしまうのだから、我ながら変な性格だ。ともかく、すっかり浮かれた様子で神社を巡っていくうちに、この地が何人かの宗教者の手を経ているというのが見えてきた。

時代に沿って名を並べると、勝道《しょうどう》・空海・円仁《えんにん》、そして天海だ。

勝道は日光に行けばあちらこちらに名前の見える、日光開山の僧である。

天平《てんぴょう》七年から弘仁《こうにん》八年（七三五〜八一七）、奈良時代から平安時代にかけて生きた修《しゅ》験《げん》僧で、生まれは下野国芳賀《しもつけのくにはが》。将門調伏ラインにあった満願寺《まんがんじ》に、その出生に纏《まつ》わる伝説が残っている。

彼が僧として得度《とくど》したのは天下の三戒壇《かいだん》の中、下野薬師寺という場所だ。ここで彼は正式な僧侶の位を授かって、延暦《えんりやく》年間（七八二〜八〇六）に上毛野国《かみつけのくに》の講師に任命、社寺の創建に力を尽くした。

日光では四本龍寺《しほんりゆうじ》――のちの輪王寺《りんのうじ》を開創したあと、男体山《なんたいさん》に登って修行。下山して山の湖畔（現中禅寺湖《ちゆうぜんじこ》）に中禅寺を創建した。

空海についてはいうまでもない。真言密教の祖であって高野山を開山した、平安仏教の創始者だ。宝亀《ほうき》四年（七七三）か五年に生まれ、承和《じようわ》二年（八三五）に死んだというが、実は今でも高野山奥の院で生きているという噂もしきりのスーパースターだ。

日光には彼に所縁の大きな寺院こそないが、小さな堂宇が散在している。

そして円仁。彼は延暦十三年から貞観《じようがん》六年（七九四〜八六四）の間に生きた、天台宗第三世座主《ざす》。天台宗山門派《さんもんは》の祖となるこの人物は、勝道と同じ下野の人で、十五歳で比叡に登り、最澄に師事を乞うている。

比叡山の横川《よかわ》に籠《こも》って修行ののちに、請益僧《しょうえきそう》（一種の短期留学生）として入唐留学。中国五山巡礼を果したという人である。

短期留学のつもりが結局、その在唐は九年に及び、その間の日記『入唐求法《ぐほう》巡礼行記』は特に名高い……といわれているが、私は読んだことはない。

帰国後、持ち帰った経典類は五百点を優に超え、横川に根本観音堂を建立したり、天台教学の皇室への浸透を図った人だともいう。ちなみに諡号《しごう》は慈覚大師《じかくたいし》。日光では輪王寺の三仏堂《さんぶつどう》を建てている。

そしてこの人物は、日光に摩多羅神《またらしん》という神を勧請《かんじょう》した人なのだ。「後ろ戸の神」の異名を持ったこの神が、日光でいったいどんな役割を果すことになるのか。摩多羅神は東照宮にいるという。東照宮に行ったとき、この神についても説明しよう。

そして最後は天海僧正。彼の解説はもういいだろう。ともかくこの四人によって、日光は宗教的な聖域と見なされたのだ。

私はこのメンツを並べて、ひどく興味をそそられた。メンツといっても彼ら四人で麻雀させたらスゴイとか、そういうことを想像し、面白がっているわけではない。

彼らは皆、一流の宗教者にして実践的な呪術師であり、神仏と感応《かんのう》する能力を持つと言われていたからだ。

急ぎ足で記したこの紹介では、その偉大さは見えないだろう。しかしここで紙面を割《さ》いても、私には彼らの足跡をうまくまとめることはできない。やるとなったら各々を、少なくとも一冊ずつの本にしなければ収まるまい。

ここはひとつ涙を呑《の》んで、彼らを日光という切り口のみから、紹介していくことにする。

■金属神のいるところ

まず日光にある社寺が、誰に所縁《ゆかり》を持っているのか、それから調べていこうと思う。

勝道《しょうどう》に縁のある社寺は、本宮《もとみや》神社・二荒山《ふたらさん》神社・清滝寺《せいりゅうじ》（清滝観音堂）・花石《はないし》神社・星の宮。そして日光観光の起点になっている神橋《しんきょう》である。

本宮神社は古くは本宮大権現、志《し》現《げん》太郎明神といい、勝道が初めて二荒山神社を創建したのが、この場所だ。

祭神は味耜高彦根命《あじすきたかひこねのみこと》。新宮《しんぐう》（＝現二荒山神社）、滝尾《たきのお》神社と共に日光三社と呼ばれていて、今現在のポジションは、二荒山神社の別宮である。そして社殿は貞享《じょうきょう》元年（一六八四）、綱吉の時代に再建されたものであるということだ。

次に二荒山神社だが、これは実は勝道の時代に建てられたものじゃない。勝道の建てた二荒山神社をここに移動・新築したのだ。現在の場所に神社が建てられたのは、建保《けんぽう》

日光都市計画図・1万分の1
提供・日光市役所

MAP 18《日光社寺》

×由来不明
▲勝道
■円仁
★空海
●天海

三年（一二一五）の鎌倉時代で、ここに社殿が存在するとは、勝道の知らないことである。しかし、勝道が創建した神社であることは間違いないので、ここでは一応、彼に所縁の社寺として扱っておく。

社殿は秀忠が寄進したもの。境内には大国主命《おおくにぬしのみこと》を祭った大黒殿と、もとは十八王子社《じゅうはちおうじしゃ》といった少名彦名《すくなひこな》の朋友《みとも》神社、そして日枝《ひえ》神社などがある。

東照宮と比べると遥かに地味な神社だが、その境域は広大で、男体山《なんたいさん》を始めとし、女峰山《にょほうさん》、赤薙山《あかなぎさん》、太郎山、大真名子山《おおまなごさん》、小真名子山、前白根、奥白根の山々が、全部境内であるという。境域の広さは伊勢神宮に次いで、日本で二番目だ。

神社は地味だが、仕切っている。すごい勢力範囲である。

その次、清滝寺は勝道が建てたというだけで、他に大した由来はない。ここは後に輪王寺《りんのうじ》によって再建されている寺で、再建年代は万治《まんじ》二年（一六五九）の九月ということである。江戸ではこの一月前から、家綱によって江戸城の再修築が行われ、例の天守閣が土台を残して、廃止されているのであった。

この符合、大した意味もないのだろうが、江戸城と日光の社寺が同時に修築されるということは、ちょっと気になるものがある。

そうして次は花石神社。ここは勝道が神社の筋向かいにある蓮華石の上に乗り、日光連峰十八の山々の山霊を遥拝《ようはい》。それらの霊を祭った神社だ。

徳川時代には、それゆえに十八王子社といったらしい。しかし神社前の立て札に記された祭神は一柱のみ。二荒山神社にあった同名の境内神社と同様、少名彦名命であった。

実際にある蓮華石はむしろ小さな石であり、この上に爪先立って乗っても、たいそうな景色は拝めない。しかし石は神の依《よ》り代《しろ》。そういう問題じゃないのであろう。

加えて、この神社はまたもや家光によって再建されている。家光はやっぱり社寺マニアである……これもそういう問題じゃないか。

次。星の宮は金谷《かなや》ホテルにと続く、坂の途中に建った小祠《しょうし》だ。勝道がやっと日光を開山できた神恩報謝に、大同《だいどう》四年（八〇九）に創建された。日光最古の社であって、明星天子（磐裂神《いわさくのかみ》のことであるという）を祭ったお宮だ。

修験《しゅげん》霊場として栄え、現在でも日光市東町（上、中、下鉢石町・御幸町・石屋町・松原町）の総鎮守という話だが、その社自体は非常に小さい。加えてボロい。友人は、ここで幽霊にまで逢ってしまった。こんなことでいいのだろうか。

そして最後が神橋だ。この橋の由来は、日光開山の一大スペクタクルを秘めている。

勝道は日光を開山したくて、十何年も男体山にトライをしては、挫折を繰り返していた。今でも男体山は、素人には登り難い高山なのだが、当時は日光市を含むここ一帯が未踏の地だった。木々に阻まれ、大谷川《だいやがわ》に阻まれ、勝道は望みを果たせなかった。

そして天応《てんおう》二年（七八二）になって、彼は最後の挑戦をする。しかしこのときも川は荒れ、勝道の行方を厳しく阻んだ。彼はそこで弟子達とともに、一心に神に祈りを捧げる。すると、ようやくその祈りが神を動かしたのか、突然、彼らの目の前に、深沙大王《しんしゃだいおう》という名を持った異形の神が姿を現し、蛇を飛ばして橋となし、彼らを渡してくれたのである。

勝道はこの助けによって、ついに男体山頂を極める。そしてこの橋が現在の丹塗《にぬ》りの橋——神橋なのだ。

ちなみに深沙大王は橋を渡った向かいの小祠に祭られている。

以上が勝道所縁の社寺だ。そして、これからがそのまとめである。

ここまで説明板どおりのことをだらだら連ねやがってと、お怒りの方もいるだろう。だけどね、これを書いておかないと、このまとめができないのである。辛抱していただきたい。

記した勝道がらみの社寺は、三つのキイワードを持っている。ひとつは熊野。ふたつ目は産鉄・鉱物に関わる神々。そして最後が頼朝だ。

なんでここで唐突に、熊野が出てくるかというと、男体山がその原因だ。

勝道は男体山を、二荒山と命名している。この名の由来の元々は「補陀落山《ふだらくさん》」であるといい、それがなまって二荒山。そして二荒をニコウと読みかえ、日光となっているのである。こんなところにも熊野の影が、見え隠れしているのであった。

とは言え、もちろんこれだけで、日光を熊野と関係あり、と見るのは早計というものだ。確かに補陀落信仰は熊野において盛んだが、語彙《ごい》そのものの解釈は、観音菩薩の浄土の意味だ。熊野の専売特許じゃない。

が、日光は元々が熊野系列の修験者の活躍場所であったのだという。専門家の方々は、だからここに補陀落が出てきても当然ということで、話を終えてしまうのだ。こんなことで驚いているのは、私のような素人だけだ。

だけど私はこだわりたい。修験道だったら出羽三山でも高尾山でもいいはずだ。それなのに、どうして私を当惑させるごとくに、ここに熊野が現れるのか!?

……だがこの謎もオアズケである。今までの調査のパターンから見て、へたなこじつけをするよりも、事実の出現を待つ方が、賢明だとわかっているからだ。

史実の上では、勝道と熊野の関わりは摑めない。それなら熊野はどこにいるのか。それは後にゆっくりと料理していくことにしよう。

次のキイワードは鉱物だ。祭神、味耜高彦根命・明星天子・深沙大王。これらの神々はすべて、鉱物や岩に関わりを持つ。

味耜高彦根命は大国主が宗像《むなかた》の多紀理《たぎり》毘《ひ》賣命《めのみこと》を娶って生まれた神様で、事代主命《ことしろぬしのみこと》と異母兄弟とか、同じ神とかいわれている。この神がどうして鉱物神というのかは、専門家によった膨大な説明が必要になることなので、ここでは省いてしまいたい。ただ彼は

「光儀華艶《よそおいうるは》しくして、一丘一谷の間に映《てりわた》る」という神である。

地上に露出した鉱脈は、実際、遠目から山を眺めると、光を放ってるというし、美しくピカピカ光るといったら、確かに金属を連想させる。そして味耜高彦根の母である、多紀理毘賣命が名のとおり、湯や水が「たぎる」ことの象徴神なら、その連想はごく簡単に、溶鉱炉へとたどり着く。日本の神々は名前の中に、その正体を潜《ひそ》ませる。正に「名は体をあらわす」のである。それは次の明星天子にしても同様のことである。

明星天子は別名を磐裂神といっていた。これが鉱物神だというのは、私個人の考えだ。磐裂神は一般には、岩の依り代のことだというが、どういうわけか、この神が祭られている神社には、近くに鉱脈が通っていたり、古代の金属製品が出土したり、タタラ関係の伝説があったりしているのである。

以前（註「熊野神社というところ」参照）、銅鐸《どうたく》に関わると記した、熊野新宮神倉神《かんのくら》社も、その御神体は巨石であった。石の名前はゴトビキ岩。ゴトビキとはヒキガエルのことで、柚木伸一氏によると、蛙は冶金関係の場所に現れるトーテムだという。しかも日光の磐裂神は、光を放つ明星の名前をもっているのであった。金属に関わりをもつものが輝きをもつのは理の当然。自然界でみずから光を放つのは、天にあっては日月星辰。地上にあっては鉱物である。星の宮は鉱物神だ。私はそう考える。

そして最後は深沙大王。この神を鉱物神だと言った資料も私はいまだ知らない。しかし、彼が鉱物の神であるのは、間違いない。

大体「シンシャ」というもの自体、水銀と硫黄の化合物の石を指し、水銀製造の主要鉱物なのである。別名を朱砂、丹砂、丹朱などという。公的には辰砂の文字を当てるが、この字の相違は気にならない。神の名前が音だけを取り、字を変えるのはよくあることだ。たとえそれがダメだとしても、それ以外にも切口はある。この神は泰山府君《たいざんふくん》という名の神と同体であるというのだ。

この神は中国渡来の神で、円仁《えんにん》に所縁をもっている。ここで空海をすっとばし、円仁についても述べてしまおう。

円仁は日光では、輪王寺の三仏堂を建立《こんりゅう》した僧である。彼は京都に赤山禅院《せきざんぜんいん》という寺を建て、そこに赤山明神＝泰山府君の神を祭った。この神は円仁が唐から日本に持ち帰り、信仰したものである。

中国山東半島の赤山神がその大本で、元々はその地方における氏神に近いものであったが、性格の相似から、泰山府君と同一視されたということだ。

泰山は中国の聖山・五岳のなかで、最も神聖な山であり、死者の集まる霊峰だ。そしてそこを司る泰山府君は、人間の賞罰や、生死を司る閻魔《えんま》にも似た神である。

ではこの神が鉱物神だと、どうして私が思うのか。答えは簡単。泰山府君は深沙大王であると同時に、摩多羅神《またらしん》ともいわれる神で、摩多羅神の語はタタラに通じ、鉱山関係の神であるとの見解が、ちゃんとあるからだ。

中国の元々の泰山府君が、鉱物と関わりを持つかは謎だ。そして摩多羅神がいつの頃から泰山府君と同一視され始めたかというのも謎だ。なぜなら摩多羅神は経典にその名の見えない日本独自の神であり、円仁のオリジナルであるからだ。だから、泰山府君が摩多羅神と同一であるとの見解は、中国サイドの資料にはない。

この神は円仁が唐から日本に帰る船中、虚空から声を発した神で、「私は摩多羅神である。即ち障碍（＝障害）神である。私を崇敬しなければ、往生を遂げることはできない。人が死んだとき、私がそこに行って人の肝を喰う。そうすることで人々は往生に繋がる臨終を迎えることができるのだ」——そういう恐ろしいことを言い、円仁に祭られた神である。

この神は現在、日光のそこここに顔を出している。輪王寺の常行堂《じょうぎょうどう》では、摩多羅神自体が信仰されて、東照宮ではこの神は、頼朝として祭られている。

勝道所縁の神社にまつわる第三番目のキイワード、頼朝がここで顔を出す。

源頼朝は二荒山神社、輪王寺に深く帰依《きえ》した、日光好きの男であった。

頼朝は二荒山神社と輪王寺に領地を寄進し、東伐の際は使いを立てて、ここに祈願しているのである。後には息子実朝《さねとも》も塔を建てたり、馬を奉納していたりする。

そう言えば二荒山神社の本殿が現在の位置に遷座したのも、ちょうど鎌倉時代のことだ。記録にはないが、何か関係があると見るのも、不自然ではないかも知れない。

頼朝と摩多羅神の関係は、彼が常行堂の摩多羅神を信仰していたことにある。どうして彼が、このマイナーで恐ろしげな神を祭っていたのか。その理由は不明だが、東照宮における頼朝が摩多羅神に比されているのも、ここに関係があるのであろう。

東照宮についてのパンフを眺めていて発見したのだが、東照宮に頼朝が祭られるようになったのは、明治維新の神仏分離令後のことだった。それ以前は、東照宮には摩多羅神本体と家康、そして山王権現が祭ってあったということだ。

現在、山王権現は秀吉として祭られている。家康の最大の敵だった人物が、どうして神としてここで崇《あが》められているのか。資料の中に、答えは見えない。しかしその理由は頼朝同様、彼が山王信仰に縁を持つからだと、私は思う。

秀吉はその幼名を日吉丸《ひよしまる》といっていた。山王権現を祭神とする日吉《ひえ》神社（現・日吉《ひよし》大社）は日枝神社とは文字の異なる同一神社で、双方ともに神使《しんし》は猿だ。そしてその名を持つ秀吉が「猿」と呼ばれていたというのは、何も彼のルックスが猿そっくりだったというのではなく、日吉神社の加護を得て生まれたからだというのがホントだ。

秀吉が山王に関わるゆえに、明治政府の手によって、神に転換され、祭られたのだ。

そして頼朝は摩多羅神を信仰したゆえ、東照宮で摩多羅神そのものとされたのだ。

山王と摩多羅神は、天海の山王一実神道の思想の中核をなす神だ。その色彩を払拭するため、明治政府はこのような置き換えをしたのだろうが……。しかし。私は首をかしげた。

(待てよ。頼朝の信仰の中心は八幡神だろう? 信仰対象と信者がそのままスライドするのが可能なら、摩多羅神＝頼朝＝八幡神にならないか?)

摩多羅神と八幡神には、確かに共通点がある。ふたつとも鍛冶鉱物神の顔を持ち、北斗に関係するのだ。

八幡神は出現したとき「鍛冶の翁《おきな》」の姿を借りた。この翁は八つの頭をもって、それは北斗七星と補星を表すといわれているのだ。そして、この北斗の補星こそ、摩多羅神だという説がある。摩多羅神がタタラであるとは、すでに述べてあることだ。そしてこのタタラの神・摩多羅神の肖像も、頭上に北斗を戴いている。

(これは臭いぞ)

私は思った。摩多羅神と八幡が交換可能な神であるなら、男体山と鎌倉の鶴岡八幡を直線でひとつに結ぶ説明が立つ。摩多羅神は八幡神か、八幡の眷族《けんぞく》ではないか?

そうしてこれらが鉱物神なら、東京の地霊の正体は、タタラの神にならないか⁉

私の心は躍ったが、それを立証する手だてはなかった。そして言い切る勇気もまた、ない。

そんなことを断言すれば、仏法と日本自体を守護する最強の神・八幡神が、タタラといった、法の枠に収まらない特異な集団のものであり、人間の死を司る禍つ神の一族であることになってしまうからだ。

（そして武蔵野も、タタラの神に護《まも》られた場所になっちまう）

タタラ集団は、いわゆる士農工商などの社会的に公な人々とは、かなり違ったスタンスをもつ。規則の枠に収まらない彼らはあるときは神と祭られ、またあるときは妖怪の一族とされ、畏れられ、敬われ、忌避された。

それゆえにタタラの一族は、今現在でも多くの謎を抱えた存在となっている。

（畏れられ、嫌われた存在っていうのは、中世の芸能者や被差別民とおんなじだ。彼らは後には卑下されたけど、中世以前は神にも近い存在とされ、時の為政者とダイレクトにコンタクトをとることもできたし、関所なんかも自由に通行できたっていう話だし……）

私はふと、例の武蔵野呪術マニュアルを持つ一族が、タタラ関係の一族じゃないかといった疑念を抱いた。闇の顔を持った彼らは、闇の呪術マニュアルを持ち、武蔵野の為政者をみずから選ぶことができたのではないか。

徳川家康はタタラ業者に「山例五十三カ条」という特権を与えて、保護をしている。それが武蔵野の覇者になるためのひとつの取引だったなら……。

しかし、この想像も立証する手だてはなかった。いいや、こんな恐ろしいこと、確認するべきことじゃない。

——どうも、ヤバいところに足を突っ込んでしまったようである。ここはこれで終わりにしよう。次は空海の番である。

空海に所縁の社寺は、日光の中に五つある。それらを以下に書き記す。

清滝神社
祭神　大海津美神《おおわだつみのかみ》・高龗神《たかおかみのかみ》・田心姫命《たごりひめのみこと》・大己貴命《おおなむちのみこと》・味耜高彦根命
創建は弘仁十一年（八二〇）。社殿背後の滝を含めたここの地形が、中国大鷲山《タアジウシャン》の清滝に似ているところから命名。かつて、ここは二荒山（男体山）登拝の要路であって、修験霊場でもあった。

滝尾神社
祭神　田心姫命
亀山と呼ばれ、白糸滝のそばにある。現在は二荒山神社の別宮。神仏分離令以前には、楼門に「女体中宮」の空海直筆の額があり、仁王が安置されていたという。

若子神社

祭神　下照姫命《したてるひめのみこと》
寂光滝《じやっこうのたき》そばにある。滝尾を開いた空海が、寂光滝で修行中、夢の中で女神のお告げを受けて、祠を建てた。徳川時代は七堂伽藍が立ち並び、隆盛していたということだ。

青龍神社
祭神　大海津美命
空海が滝尾・寂光（若子）を開いたときに、徒弟がそれらの守護として、京都醍醐の青龍神を移して祭る。東照宮大祭のときは、ここで祈晴祭が行われている。

小玉堂
空海が滝尾で修行した折、池の中から大小二つの白玉が浮かび、その小の玉を虚空蔵菩薩として祭る。大の玉は妙見菩薩として、中禅寺に妙見堂を建てて祭った。

以上。ざっと由来を記した。インパクトのないものばかりだが、並んだ神社の祭神が、実は謎だらけなのである。
下照姫はすごい美人で、和歌の祖という神様だ。大国主の娘であり、天稚彦《あまのわかひこ》の妻である。この天稚彦は味耜高彦根命に関係していて、二人は容姿がそっくりな友人どうしであったのだという。天稚彦が死んだとき、弔問に訪れた味耜高彦根命のことを親族が死人と勘違いして、味耜高彦根命が激怒したということが神話に載っている。

しかし、その下照姫がどうして滝に祭られるのか。彼女は和歌の神であろうに。それとも、同じく滝に祭られた味耜高彦根命と何らかの関係を結んでいるのだろうか……。謎なのだ。

そして田心姫については、とうとう調べがつかずに終わった。多紀理毘賣命と同じだという意見もあるが、確証がない。まったくお手上げなのである。

唯一、高龗神については、面白い記述が見つかった。この龗という難しい字は、山岳と龍神を意味する文字で、この神は雨を自在に降らせる力をもった神といわれる。そしてこの神は、元々は奈良にある丹生川上《にうかわかみ》神社に祭られている神なのだ。

そして丹生とは水銀を指す。この神を祭った清滝神社には味耜高彦根命もいるし、意味不明の神も若干いるが、この神社もまた、鉱山と鉱脈に関わると思われるのだ。

そして残った小玉堂も、鉱物に関わるものである。堂に祭られた虚空蔵菩薩は、金星であり、一説に鉱物を示す仏といわれる。同じ星の神である妙見菩薩も北斗七星に関係し、大いにソレ臭い神だ。そして何より玉というのは、中国の玉《ぎょく》をいうまでもなく、鉱石を示す単語であるのだ。

そう言えば、最近の宗教関係の書物の中には、空海が鉱山と関わるという仮説がチラホラ見えている。それらの研究書によると、空海が踏破した山のほとんどが、鉱物の産地だったり、鉱床《こうしょう》をもっている場所だということだ。

日光は、足尾・白根・赤城の諸火山の間を走る、足尾山系の中にある。足尾山系は有名な足尾銅山があるとおり、金銀銅の鉱脈だ。鉱山・鉱脈を捜すのが、空海の日光訪問の真の目的だったなら、他にも手がかりは存在しないか。

そう思って調べると、いくつか空海に纏《まつ》わった伝説が浮かび上がってきた。

まず、二荒山の名を日光と改めたのが、彼だというのだ。なるほど、ここが優秀な鉱物産地であるのなら、光を放つ名の方が、その性格をよく伝えている。

そして空海は勝道へ「沙門勝道山水を歴《へ》て玄珠をみがくの碑」文を送っているのであった。

珠は鉱物。その石を見いだした勝道の業績は、賞賛に値するというわけだ。ということは、空海は日光を訪れた時点ですでに、勝道が日光の鉱脈を意識していたということを知っていたということになる。

これは大変なことである。空海はただ漫然とこの地に来たわけじゃない。彼の足跡が、鉱脈に沿って動いているのなら、彼は初めからこの場所が、鉱山としての聖域であることを知っていたわけであり、それはつまり、近畿を中心に活躍していた空海の耳に届くほど、当時の日光は鉱山として、そして勝道上人は鉱山を見つけた人物として、知れ渡っていたということだ。

　空海の後に来た円仁が、泰山府君に関わりを持つのも、そうなってくると頷《うなず》ける。彼は輪王寺に馬頭《ばとう》観音を安置して、味耜高彦根命の本地仏としているのであった。

　そして天海が東照宮に摩多羅神を祭った理由も、これもまた見えてくるだろう。

　天海もまた日光が、鉱物神のいるところ――鉱山だと知っていたのであった。

（じゃあ、天海がここの地に東照宮を建てさせた、真の理由は何だったんだ？）

　こうなると東照宮という、輝きを示す語句自体、怪しいように見えてくる。だが、まさかここで天海は、金銀を捜したわけではあるまい。

　私は首をひねったが、考えてみれば勝道にしろ空海にしろ、捜した鉱脈で財宝を得たといった話は聞かない。彼らは鉱物を純粋な神として、崇めていたのだろうか。

　真偽のほどはわからない。が、私見を言えば、鉱物は神であり、財宝でもあったと思う。

　古代において、金属や宝石類は総じて、呪力を持つものとみなされていた。今でも水晶などの鉱物は、お守りとして活躍している。

　日本においては古代より、水晶や瑪瑙《めのう》が呪力を持った石として、主に意識されていた。そして金属では銅。銅よりも、強い耐性と光を持つ鉄。そして錆びることのない光り輝く黄金と、金属でありながら水の性質を併せ持つ水銀の評価が高かった。

そしてこれらのものは皆、神として祭られ、神を象徴するものとして、現実に形づくられた。銅鐸然り。神鏡然りだ。

だいたい、考えてみて欲しい。三種の神器というもの自体、鏡と剣と勾玉《まがたま》だ。すべて鉱物・金属なのだ。それらが神を象徴する最高のものと思われたのは、たぶん、鉱物・金属の不変性にあるのであろう。

自然界にあるもののうち、美しく、かつ変化せず、恒久的に同じ形態を保てるものは、鉱物系のもの以外にない。

信仰の対象として、神は当然、永遠の命を持つべきもので、美しくなければならないものだ。御神体が腐ったり、あるいは目を離したら猫に食べられていた、なんてことがあってはならないのである。

まして現代と異なって、古代ではそれらの鉱物は、滅多にお目に掛かれない貴重品でもあったのだ。宗教者達がやっきとなってそれを捜し、捜したものを神として崇めたてるのは、こう考えると、当然といった気にもなってくる。

しかし天海の時代には、これは当てはまらないだろう。天海はここに鉱脈があることを知ってはいたのだろうが、彼の時代までくると、新たに鏡や勾玉を神として祭ることはない。それは現実的意味を離れた、象徴になっていたはずだ。

したがって、彼がこの場所に東照宮をもってきた目的は、別だったはずである。それはいったい、何だったのか。

――さあ、東照宮の登場である。ここに如何《いか》なる謎が眠るか。私は見つけなくてはならない。

■天海の聖地

東照宮は三人の死者で構成されている。

家康・家光・天海《てんかい》だ。天海を除いた二人を祭った社殿は、常時拝観できる。だが天海の墓所だけは、どういうわけか、許可がないと入れない。

私は無理に頼み込み、山あいにあるその墓所にビクビクしながら入っていった。

東照宮と、ここではひとくちに言ってしまうが、この天海の墓所である慈眼堂《じげんどう》と、家光の眠る大猷院廟《だいゆういんびょう》は輪王寺《りんのうじ》の管轄だ。祭神の系列から見ると、元々は東照宮も輪王寺も一緒くたであったと思われるのだが、たぶん、明治の分離令で寺と神社の管轄が、ふたつに分かれたのだろう。

その大猷院廟の脇から、墓所への道は延びている。人気《ひとけ》のない参道を、蛇行しながら登っていくと、やがて銅製の鳥居が見える。それが慈眼堂である。

鳥居のマークは葵の御紋。私が勝手に葵ブランドと呼ぶそれが、ここにも当然ついていた。その鳥居を抜け、社殿に向かい……、いきなり私は驚いた。賽銭箱《さいせん》に生の大豆が、ぎっしり入っていたからである。

（なんで大豆だ？）

こういうパターンは、まったく初めてのことである。ここにお金を入れてもいいのか、一瞬、迷ってしまったが、よく見ると小銭も混ざっていた。私は賽銭を投げ入れて、取り敢えず天海僧正に、無事来られたことを感謝した。

大豆が妙に気になるが、天海に尋ねるわけにもいかない。私は首をひねりつつ、社殿の中をうろうろ歩いた。

天海の墓は、本殿の斜め後ろにあった。大きな石造りの宝塔で、そしてそれは事前に写真で見たとおり、六人の石の仏像に周りを囲まれ、護《まも》られていた。――いや、仏像というのとは、ちょっとイメージが違う。

どう違うかと言われると、言葉につまってしまうのだが、私の色メガネのせいか、それは普通の石仏より、はるかに妖しく、呪術《じゅじゅつ》的色彩を放つものだった。

前のふたりは唐風の武神で、片手を肩まで振り上げている。握ったその手に人工的な穴がうがたれているのは、以前彼らがその手の中に、何かを握っていた証拠である。たぶん、槍とかの棒状の武器の類であったろう。前のふたりはそれをかざして、天海に危害を加えるものから護っていたのであった。

後ろに続く四つの像は、それよりは穏やかな顔をしている。印象としては仏というより、神像に近いものがある。着衣の様子が通常の仏像とは異なっているからだ。しかしこれはたぶん、私の印象だけの思い過ごしだ。けれども、彼らが誰なのか推し量る術《すべ》こそなかったが、天海の霊を守護するものであるのは違いないだろう。

（これが天海の墓なのか……）

私はしばらくそれを眺めた。ここが一般の観光ルートに入らないのは、当然である。観光となれば、説明板をあちこちに立てねばならないだろう。そうなったら、この墓の異様さを解説しなくちゃならない。そんなことはできないだろうし、おそらく、してはいけないことだ。武蔵野の呪術師の霊廟《れいびょう》は、ひそやかに祭られるべきものだ。

私は一礼し、きびすを返した。あまり長くお邪魔をしてはよくないだろうと思ったからだ。そして最後に社殿を見上げる。表の葵ブランドと同様、ここにも紋がある。

「二引き紋……？」

足が止まった。社殿の上には、葵の御紋とは別の紋がレリーフされていたのだ。正式名称は引き両紋。それを用いた史上の代表人物は、確か——足利尊氏《あしかがたかうじ》だ。

「なんで？」

思わず言葉が漏れる。確かに尊氏は頼朝と同じ、清和源氏の流れを汲んで、源義家の子孫に当たる。しかしどうして突然、ここに二引き紋が現れるのか？

（もしかして天海の紋だったりして）

私は考え、思い当たった。確か天海の出生を考証した諸説の中に、彼が室町幕府十一代将軍足利義澄《よしずみ》の子であるというのが、あったはずである。

（そうか。それでこの紋なのか。そしてこれが真実ならば、彼の魔方陣に頼朝が出てくるのもわかることになる）

あの魔方陣は、徳川を護ると同時に、天海自身の血脈を江戸に残すものだったのだ。自分の血筋を頼朝や八幡に託して、武蔵野の地霊達に知らしめること。それこそが天海が布陣を敷いた、真の目的なのではないか!?

幕府なんかに天海は、忠義を尽くしていたのではない。あの広大な結界は全部、自分のためだったのだ。徳川幕府の陰に隠れて、彼は巧妙に武蔵野を自分のものとしていたのである。彼こそが、武蔵野の地霊を統《す》べる、江戸の覇者であったのだ！

——参った。私は吐息をついた。さすがに、私も参ってしまった。そしてついつい顔がほころぶ。この老獪《ろうかい》さは、私の好みだ。才能のある呪術師は、性格が悪いというのはホントだ。後に残った日光の調査がますます楽しみになる。

私は上機嫌で下に降り、取り敢えず社殿の紋と大豆の件を、社務所に聞いてみることにした。

「あのう、お尋ねしますけど。慈眼堂の社殿についている紋は、どうして葵じゃないんですか？」

「あれは、天海僧正の御紋なのです」

さらりと答えが返ってくる。おお、やっぱりね。勘は当たっていたわけだ。私はすっかり嬉しくなって、大豆の件も続けて尋ねた。私の問いに返ってきた答えは、

「大豆ですか？　僧正は、豆が好物だったのです」

これも明快なものだった。

「……」

なんともはや。天海は大豆をバリバリ頬張りながら、江戸に呪術を施してたのか。そんなことはないでしょう？　もっと深い意味ないの⁉　私は思ったが、社務所がそう言い切る以上、調べることは叶わない。節分の豆との関係だとか、こじつけに近い想像ならば、いくつか思いつくのだが……まあいい。大豆は健康食品。天海はそれをよく食べたから、あんなに長く生きたのだ。私はそう思うことにした。やっぱり、彼は侮れない。

大豆について、貴重な答えを得た私は、次に大猷院廟と東照宮を見ることにした。大猷院廟は家光の墓所となっているところである。そしてさっきも記したように、こ

こは輪王寺の管轄地である。位置としては天海の埋葬場所の峰続きのすぐ西にあり、ここにふたりが眠るのは、家康を死後も見守るための遺言によるものだと言われる。

社殿は黒を多く使ったオシャレな印象の建築物だが、奥の院の入口である皇嘉門《こうかもん》は閉ざされて、それ以上は進めない。家康の墓所には行けるのに、どうして家光はダメなのだろうか。天海の墓所同様に、見られてはいけない何かがあるのか。どうも怪しい。だがしかし、ここはそれ以外にも怪しい事実が存在するのだ。

大猷院廟の社殿自体が、鬼門を向いて建っているのだ。通説では家康の墓所に正面を向くように建てられたという話だが、これはまったくのガセネタである。地図を見れば一目瞭然。大猷院廟の延長上に家康の墓所は存在しない。

(まったく言い訳するにしたって、もうちょっとマシなこと言えないのかね)

バカにするにもほどがある。それに家光の墓所そのものは、南東方向、即ち鬼門を向く社殿に対して直角になっているのだ。

家光が家康の墓に対して正面を向くというのなら、墓所の位置こそ、そちらの方を向いていなければ嘘だろう。大猷院廟の社殿の向きには、別の意味があるはずだ。私はそう考えた。

家光が己《おのれ》の死んだあと、ここに廟を建てさせたのは、天海とともに家康を護るためとの話であった。社殿が鬼門を向いているのも理屈は同じ、家康を護るためだと言われて

いる。その理由がゆるがないなら、

（社殿が鬼門を向く。そのこと自体が家康を守護することに繋がる）

鬼門は鬼の侵入路である。そこに門を開けるというのは、鬼を呼び込むことになる。東照宮の中、ここ以外に鬼門を向いている場所はない。★となれば当然、鬼や邪霊は侵入しやすいこの場所に殺到することになる。大猷院廟はそれを承知で、みずからここに不浄な霊を集めたのではないのだろうか。――東照大権現《とうしょうだいごんげん》である、家康を護るそのために。

家康を祭った本殿は、ほぼ同一線上、真後ろに家康の墓所を置いている。これは拝殿から入った気が、直接神に伝達される一般的な形式だ。しかし大猷院廟の家光の墓は、社殿とは直角に近い方向に建つ。つまり大猷院廟に集《つど》った霊は、家光の墓所にはダイレクトに届かない。拝殿に送り込まれた念は吉凶を問わず、そこでいったん留められてしまうのだ。

（それでも大猷院廟に家光が祭られているのなら、念は家光に届く。だが……社殿の中にいる神が、もしも家光でなかったら？）

★大猷院廟の鬼門「だいゆういんびょうのきもん」現在はその他にも鬼門を向いた社殿があるが、すべて後代の移築である。ちなみに大猷院廟の門は夜叉門という名前をもち、名のとおり夜叉が守護している。

MAP 19《日光東照宮図》

そして、鬼を封じ去る神がいるのだとしたら？

大猷院廟は鬼を取り込み、封じる機能を秘密裡に持っているのではないか？

私はそんなことを思った。もちろん、これはオカルト小説家としての私の勝手な想像だ。公的な資料にはそんなこと、冗談にしても書いてない。しかしそれならば何故、大猷院廟は家康を護るために鬼門を向くのか。家光の墓所は拝殿と異なる位置に置かれているのか。私にはわからないのであった。

——結局、大猷院廟の探索はそこまでだった。ある意味で、インパクトをもった、かなり面白い所だが、目に見える収穫はほとんどない。

私は東照宮へと向かった。しかしここも新しい収穫はない場所である。逆さ柱や眠り猫やら、面白いものはあるのだが、改めて私が言うことはない。ガイドブックを見りゃわかる。私は眠り猫のいる坂下門をくぐり抜け、家康の墓所へと向かっていった。

長い階段の果てにある奥社は、本殿からみるとひどく殺風景である。しかし高台に位置しているので、空気は澄んで、気持ちいい。

家康の眠る宝塔は、威風堂々、立派なものだ。周囲を囲んだ石塀に乗りだすようにして見ると、塔を囲んで、点々とおかしな石が据えられていた。亀石とかいうものである。

これは下の社殿でも、あちらこちらで見かけたもので、一種の結界を表すものだ。ここも、しっかり護られてる。私は満足して頷《うなず》いた。

しかし塔は塔である。これ以上は何もわからない。けれども私は調査したなかで、こんな資料を手に入れていた。家康が死に際に、言った言葉だ。

「われ来世において、権現となろう。両名（天海と藤堂高虎《とうどうたかとら》）は、長くわれの左右にあって徳川家の守護となれ」

藤堂家の言い伝えでは、ここ――奥社の塔の中には、東照大権現の左右に、高虎と天海像が安置されているという。

東照大権現は束帯《そくたい》姿の家康像で、左を向いて、左には高虎が黒糸の甲冑姿で両手をついて控えている。そして家康を挟んだ右に、天海が座っているらしい。

出来過ぎといえば、あまりに出来過ぎな話だが、本当だったらすごすぎる。

高虎は江戸城の設計者である。そして天海上人は、江戸の呪術設計者。家康は江戸の居住者だ。

つまりここはミニチュアな江戸城であり、武蔵野の結界呪術のひな型なのだ。

家康の遺言の真実は「徳川家の守護となれ」ではなく「両名は長くわれの左右にあって江戸の守護となれ」ではないのか。そして私達が東照宮で拝んでいるのも家康ではなく、江戸の結界自体じゃないのか？

私達はかりそめにでも東照宮に手を合わせることにより、その念で江戸の結界を強化する手助けをしていたのである。

そしてその上で、家康が高虎の方を向くというのは、もっと興味をそそられる。東照宮が造られたのは、横を向かれた天海の指図によったものである。彼は自分からわざと、家康の視線から体を背けたのである。

家康が見るのは藤堂高虎（＝現実的な江戸城）であり、天海（＝江戸の呪術結界）ではない。そして北を背中にしょった家康は、東照宮の南に広がる武蔵野自体からも、視線を外す。その武蔵野を真正面から見据え、睨みをきかせているのは天海と高虎なのである。

徳川家康はかりそめの——現《うつつ》の江戸城のみに関わる、覇者のひとりに過ぎない。真に武蔵野を統治するのは自分であり、その要《かなめ》である城を築いた高虎だけで充分だ。

天海はそう考えて、家康像の首を横に向けて、納めたのではないのだろうか……。

東照宮の中にいて、私の想像は留まらなかった。

武蔵野の黒幕、天海は予想以上の呪術師である。そして彼の後継者、家光も卓抜した才を持ち、この派手やかな空間に闇の仕掛を施している。

彼らの技の凝縮された空間こそが、東照宮だ。

ここは観光地ではない。ここは江戸の結界のひな型にして、徳川幕府の呪術的テクニカル・アートなのである。

私は改めて彼らを讃え、長い間、飽きもせず、黙って宝塔を見つめ続けた。

■輪王寺の呪術マニュアル

最後に行くのは輪王寺《りんのうじ》である。私は長い階段を降り、輪王寺にと歩を向けた。が、私はそこへ行く前に、大猷院廟《だいゆういんびょう》のそばにある常行堂と法華堂★、通称二つ堂に立ち寄った。

ここは観光客のほとんどが素通りをする地味な堂宇だ。しかしここの常行堂には摩多《また》羅神《らしん》が祭ってあるのだ。その中を見てみることにする。

摩多羅神は堂内に、神社そのものの形式の社を建てて祭られていた。屋根のデザインと、柱に巻きつく二体の龍だけがとりわけ目立つ、異様に派手な様子の社殿だ。

御神体はもちろん、見えない。しかし手元の資料によると、摩多羅神の基本の姿は狩《かり》衣《ぎぬ》姿に唐様《からよう》の頭巾。左右に童子を従えて、頭上に北斗七星を戴く。または三面六臂《ろっぴ》の神

★常行堂と法華堂［じょうぎょうどうとほっけどう］　常行堂は、修行のための堂宇。本尊は阿弥陀と四菩薩。日光におけるそれらの形態は、一般の仏像と異なり、孔雀座の尊像である。法華堂は、常行堂とかつてはつながっていたという堂宇。現在、扉は閉ざされている。本尊は普賢菩薩で、その他に鬼子母神・聖観音・十羅刹女・軍荼利明王が祭られている。

で、三面のうち中は金色。左は白。右は赤。各々が聖天《しょうてん》、荼吉尼天《だきにてん》、弁才天を表すともいう。

北斗と三つの神仏に共通するのは、これらが皆、ただの福徳神ではなく、凶意と死を裏に背負った祟《たた》り神の性格を秘めているということだ。そして聖天は定かじゃないが、残りはすべて、鉱物神としての性格ももっている。

摩多羅神が、泰山府君《たいざんふくん》と同体だという話はしてある。泰山府君の性格も、死を司るものだった。

そして。話はまだ続く。この堂の外側、見上げた屋根の四隅では、三本指の裸体の鬼が棟木を支えているのであった。この常行堂は鬼により、守護されているのであった。

魔をもって魔を制する策だ。だが通常の神仏ならば、これは許されないことである。

こういうことができるのは、中に祭られた神仏自体が、鬼を征伐するものではなく、その上に立つことの可能な、鬼の眷族《けんぞく》であるときのみだ。

摩多羅神は、人間の肝を喰らう神である。確かに彼が鬼の上に立つというのは、納得できる。

(そう言えば、鬼の一族も、冶金に関係しているといわれているんだったっけ)

再び、またもや鉱物だ。日光は鉱物神の密集地である。私はそんなことを思って、改めて輪王寺に向かっていった。

輪王寺三仏堂は比叡山の延暦寺根本中堂《えんりやくじこんぽんちゆうどう》と同じ造りをもった寺院だ。だがここにある仏像は、延暦寺のものより派手で、巨大で、威圧感に満ちている。

向かって右から千手観音、阿弥陀如来、馬頭観音《ばとうかんのん》。そしてそれらは日光の男体山《なんたいさん》、女《によ》峰山《ほうさん》、太郎山をそれぞれ象徴しているという。

円仁《えんにん》によって建てられた当時、この堂は今の東照宮の位置に建っていたのであった。それを天海が動かして、家光がこの場所に再建したのだ。空き地がいくらでもあっただろうに、わざわざ本堂をどかすとは、現東照宮の建つ場所が、いかに優れた場所だったかが推し量られる。

私は聞いてむずむずしたが、定規とコンパスの出番はまだだ。先走る気持ちをなんとか堪《こら》えて、私は最後の調査場所——輪王寺の裏にある、小さな堂にと回っていった。

堂の名称は「護法天堂《ごほうてんどう》」。私はその名に興味を惹かれた。

護法は別に法律を守るといった意味ではなくて、武神的な性格をもつ、守護神を指し示すものだ。しかもそれらは往々にして、結界守護に一役買う神であったりするのであった。

その上、ここの神々は、輪王寺にいる三体の仏の化身だという話だ。ここを見れば輪王寺の性格がいっそう明らかになる。いったい、何がいるのであろうか。

——答えは弁才天・毘沙門天《びしやもんてん》・大黒天の三神だった。そしてそれらは各々が、見事な武装態勢を整えた姿で納まっていた。まるで七福神ならぬ三武神というところだが、この三体がセットになるのは、別に珍奇なことじゃない。

弁才天は時として、大黒と毘沙門を従えた形態で祭られる神様だし、三面大黒天という顔の三つある大黒天は、中央に大黒、右に毘沙門、左に弁天の顔をもつ。そしてこの場合の三神も、各々武器を持っており、戦闘神として信仰を集めたものであったといわれる。

しかし男神はともかく、弁才天が武神というのは解せない方もあるかも知れない。美女だし、芸能の神様だしね。だけど弁才天は元々は、御敵調伏《ちょうぶく》の神なのだ。頼朝もその性格を買い、討伐祈願をしているのである。

ことにここに祭られている八臂《はっぴ》弁才天の性格はコワイ。弓矢に剣、三叉戟《さんさげき》、鉾や斧まで持った姿で、女性神だけに、恨みをかったら逃れられない、強力な呪詛《じゅそ》の女神なのである。

しかも記されたガイドには、この神の化す千手観音のおわす山、二荒山《ふたらさん》にいる神は田《た》心姫《ごりひめ》だという話である。田心姫は空海が滝に祭った女神であった。彼は田心姫の持つ弁才天的性格すなわち水神としての性格を買い、滝に祭ったのだろう。

それはともかく、これらの神が日光主峰の仮の姿だということで、いくつかの仮説が立ってくる。

大黒天は仏教においては東北方を護《まも》るといわれる。そして毘沙門天は、北方を守護するという神である。あいにく、弁才天は方角を守護する機能は有していないが、これをもって、日光が江戸の北方鎮護の地だと見る、というのがひとつの解釈。もうひとつはこの三神を、金属神と見るやり方だ。

また金属かと、いい加減うんざりするがしょうがない。日光は、空海が目をつけたほどの鉱脈を持つ土地だ。ここにいる限り、金属とは離れられないのであろう。

ただし、面倒臭いので、これらがどうして金属神と見なされるかの解説は、はしょってしまうことにする。

それはないよ、と言ってくださる人のため、ごく簡単にキイワードだけを示しておくと、毘沙門天は蜈蚣《むかで》、狸と関わりがあり、蜈蚣は鉱脈を表すといわれ、狸はフイゴに関係している。弁才天は蛇と稲荷に関係があり、蛇は鉱山の象徴神。稲荷は「鋳也《イナリ》」だとの解釈がある。弁才天と稲荷との共通点として存在している宇賀神《うがじん》という神様は、蛇神が蛙を押さえた姿で、蛙も冶金に関係がある。そして大黒天もまた、稲荷と同体といわれているのだ。

加えて、大黒天はまたの名を摩訶迦羅《まかから》といい、摩多羅神と似た音をもつ。その渡来縁起も、最澄が中国よりの帰朝にあたって、この神を感得したという、摩多羅神とおんなじパターンだ。

まるで連想ゲームだが、これに関してはその道のエキスパートの方々が、何冊も本を出している。口を挟む余地はない。

日光は、金属と修験の地である。そして頼朝と熊野も見える。

私はますますもって、日光が江戸結界の重要なポイントであるとの確信を深めた。この日光は歴代の呪術師達が憧れ続けた、金属神の聖域なのだ。

あとはラインがどう出てくるか、だ。

私は時代に黒く煤《すす》けた三体の神を最後に拝み、観光客の途切れない、呪術空間に背を向けた。

聖地・聖人・陣取り合戦

■天海は最後に笑う

家に帰るとさっそく地図だ。最近慣れてきたせいか、マーキングするのが異常に速い。誰にも自慢できないが、当の本人は成長したもんだなぁ、と、ちょっとばかり嬉しい気がする。

日光に足跡を残した四人の社寺を見比べる。狭い範囲にごちゃごちゃと社寺が林立してるので、私は整理をつけるため、ひとりひとりが建てた神社を、時代順に見ることにした。

まずは勝道《しょうどう》に関わる社寺と、時代不明の社寺についてだ。目見当で当たりをつけて、コンパスと定規で確認をする。

(ほうら、あった)

トライアングルだ。この時代から、三角結界のやり方は、すでに確立されていたのだ。しかもみんな、きれいな二等辺三角形だ。単純かつ明快な、この陣の敷き方が、六、七世紀の結界呪術《じゅじゅつ》のやり方であったのがわかる。二荒山《ふたらさん》神社の三角形のみ、時代が下ってからのものなので、それだけは注意が必要だが、後の時代も、原則的な方法に変化がないのはわかる。

江戸に魔方陣が発生したのは、確か、熊野がトライアングルを作り始めた、十二世紀の頃だった。そして魔方陣の完成を綱吉の頃と仮定した場合、その年代は十八世紀。この日光の呪術布陣が六、七世紀に発生したなら、少なくとも千年以上、魔方陣は呪術師達に受け継がれていたことになる。

驚くべき時間だ。しかし以前（註「消え失せた守護」参照）に紹介をした伊勢の「太陽の道」の類をも魔方陣の一種とするなら、魔方陣自体の方法論は、すでに紀元前の段階で成立していたことになる。

つまり勝道にしろ天海《てんかい》にしろ、日本の呪術師達は皆、古代から現代に至るまで、連綿とこの呪術布陣を継承し続けたのである。

いやはや、すごいものである。いったい誰がこの呪術を最初に編みだしたのだろう。推理するのは不可能だけど、言葉や生活、すべてが変化していくなかで、この頑《かたくな》な伝統が守られ続けていたのは確かだ。それは魔方陣にそれだけの効果が期待でき、かつまた成果があった歴史的証拠でもある。

そしてこのマニュアルを管理し続ける一族が、本当に存在するのなら、この一族もまた何十世紀も——皇族に勝るとも劣らない古い血をもつということになる。

私はひたすら感心をした。けれどもここは、その一族に賛辞を送る場所じゃない。住所がわかればファンレターでも書いて送りたいところだが、それも無理な話であろう。

まあいい。

空海の番である。

空海の作った魔方陣はかなり規模の大きいものだ。そして少し変則的だ。円形までもが登場している。もちろん、このサークルを描いた点を各々見れば、みんな二等辺三角形だ。

すらすらと地図を解きながら、私はこの時代を追った三角結界の変遷に、なんとも愉快な興味を覚えた。

もったいぶっても仕方ないので、勝道から天海までの日光魔方陣のすべてを、ここで一挙に公開してしまおう。まあ、ちょっと見ていただきたい。

誰かの次に来た者が新たに陣を敷く場合、その布陣は前者のトライアングルを、必ず含んで構成される。それも複数の三角形のひとつふたつではなくて、全部が必ず自分の作った新たな陣に接触するように、調節し、神社を建てているのだ。

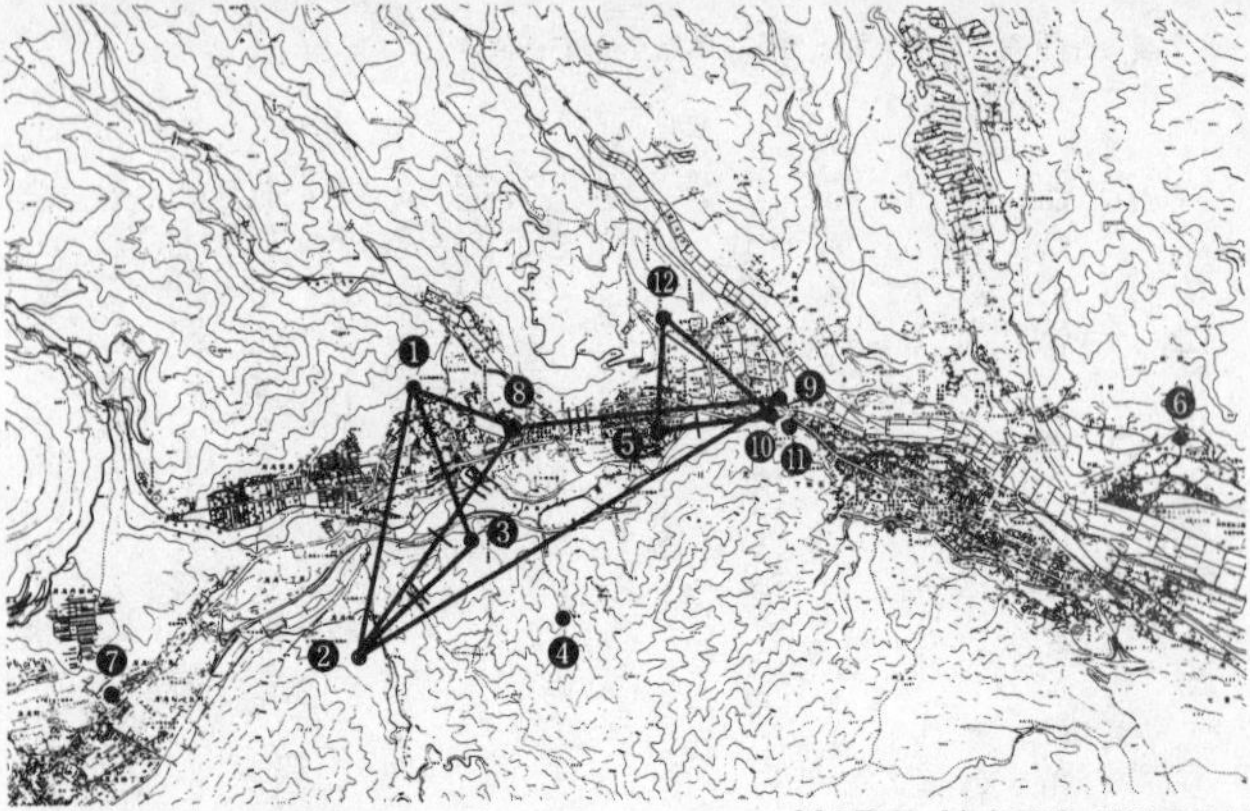

MAP 20《由来不明・勝道の社寺》

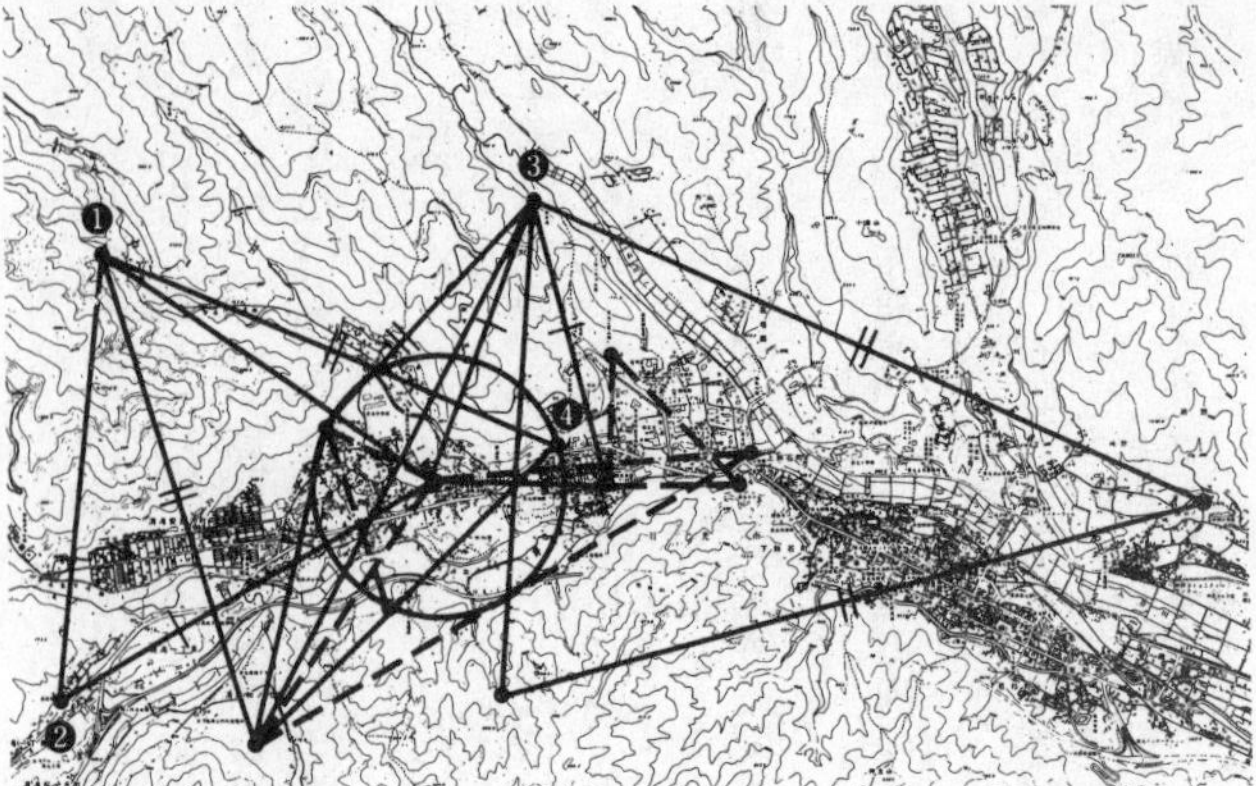

MAP 21《空海》

MAP 20

●由来不明
①久次良神社
②和之代神社
③稲荷神社
④素麺滝
⑤磐裂神社
⑥磐裂神社

●勝道
⑦清滝観音堂
⑧花石神社
⑨本宮神社
⑩神橋
⑪星の宮
⑫二荒山神社

MAP 21

①寂光滝・若子神社
②清滝神社
③滝尾神社
④青龍神社

MAP 20·21·22《日光陣取り合戦》

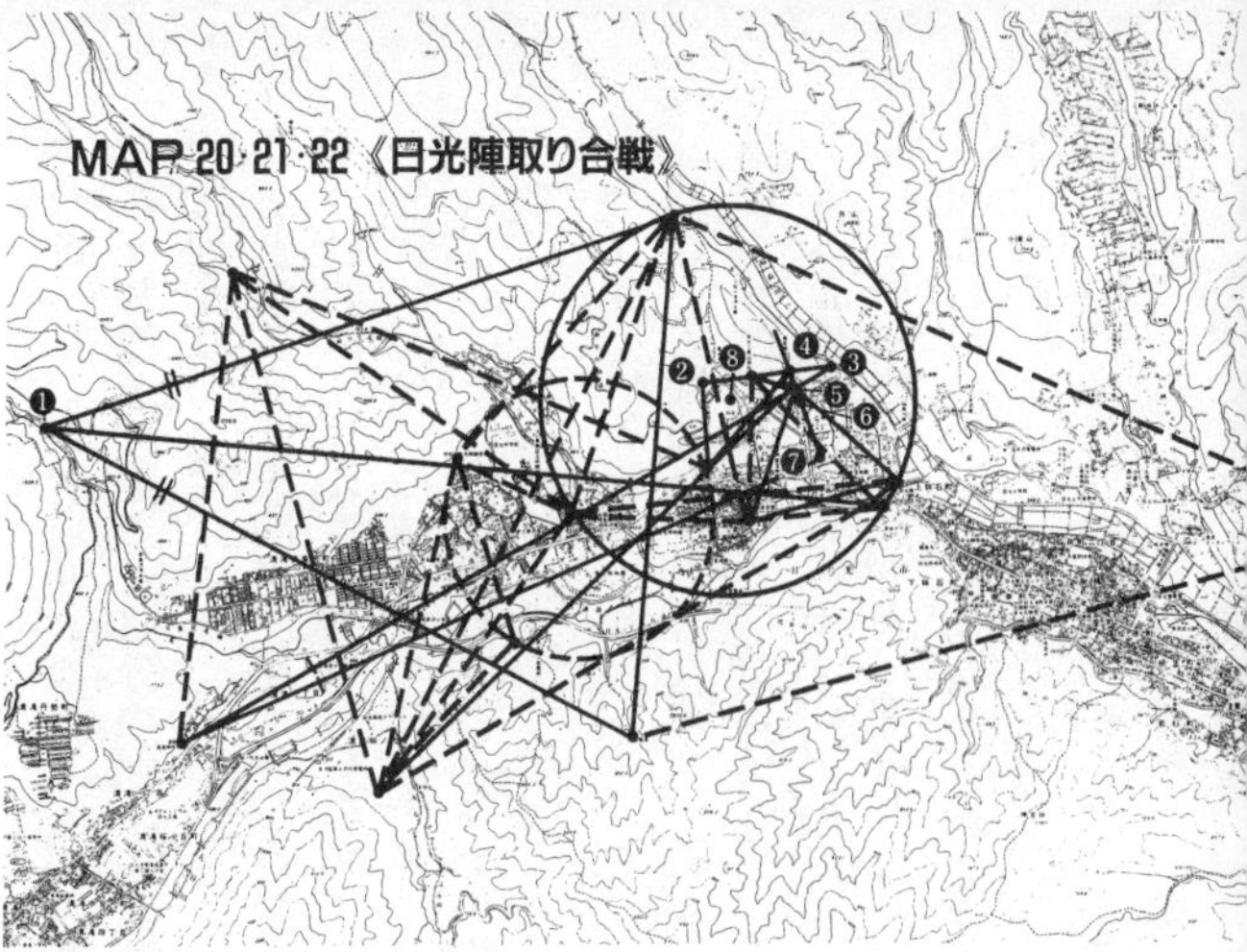

MAP22《円仁・天海》

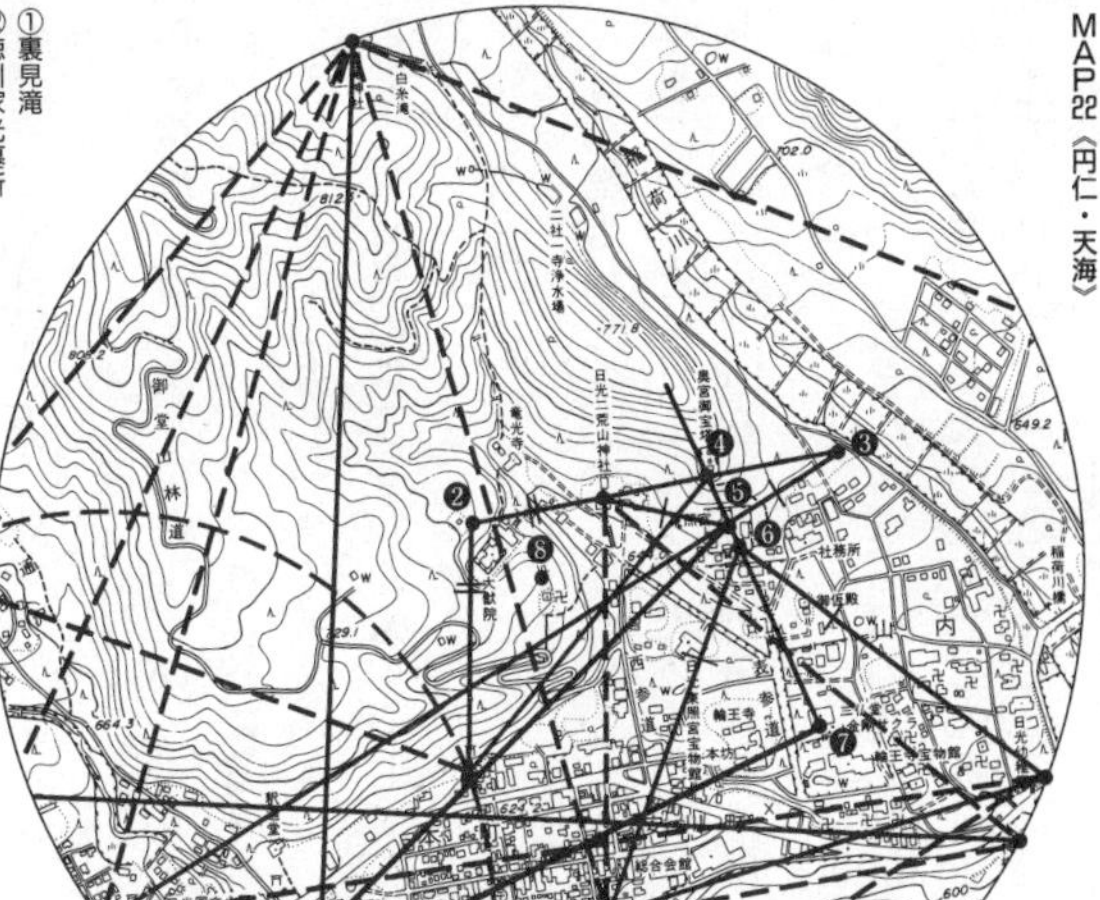

①裏見滝
②徳川家光墓所
③北野神社
④徳川家康墓所
⑤東照宮
⑥東照宮陽明門
⑦三仏堂
⑧天海墓所

日光都市計画図・1万分の1
提供・日光市役所

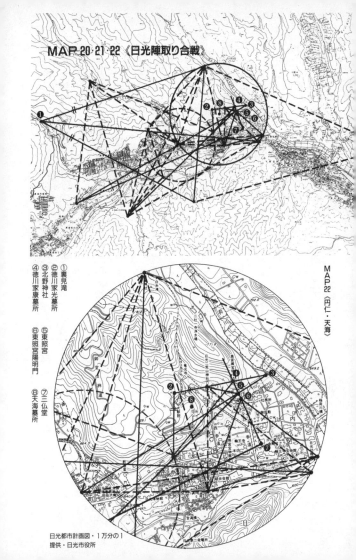

昔遊んだ「三角取り」のゲームが急に記憶に浮かぶ。点と点を順に繋げて、早く三角を作った奴が、そこを自分の領土にするのだ。この日光の魔方陣も、ルールこそ違え原理は同じだ。

あとから来た人間が、前に作られた三角に接触するよう、位置を定めて神社を建てる。その目的は既存の陣地を、自分の領土に組み入れるため。——これ以外に答えはない。

彼らは、先人の結界を自分の布陣に取り込むことで、先のトライアングルに、己《おのれ》の気を送りつけたのだ。そして、それをなすことで、日光の地霊を我がものとして、取り込んでいったに違いない。

（マーキングだよ、マーキング！）

結局、人間のなすことなんて、根本的には動物と何も変わっていないのだ。いや、呪術的なものだからこそ、原始的な感覚が生きているということなのだろうか。

並べた四つの布陣の中で、天海のが一番、手が込んでいる。円仁《えんにん》から八百年ほど経つ間、結界・陣の敷き方も、進歩していたということだ。

天海は自分のいる墓所を、家康・家光と、もう一カ所を結んだ三角の重心に位置するように置いている。ふたりを見守るためか、はたまた、ふたりを統治するためか。ともかく、彼は絶好のポイントに自分の墓所を建て、日光に睨みをきかせているのだ。すごい。さすがだ。だがこの賛辞は、天海のみのものじゃない。日光に来た呪術師達は、揃いも揃って歴史に名を残すだけはある、凄腕の連中ばかりであった。

むろん、こういう建築を用いた呪術というものは、あとから来たものに有利に働く。

中国における風水などは、その典型的な例である。風水の盛んな大陸などでは、吉を呼び込む龍脈を何とか己のものにしようと、建物や墓地を新たに建てては、以前からある建物の主ともめたりするという。その結果、二者の間で風水戦争が起こるのも、珍しいことではないらしい。

どんなにそのとき、霊的に完璧な場所に完璧な建築物を建てたとしても、後からできた建物如何《いかん》で、吉は容易に凶になるのだ。

幸い日光の魔方陣は、施術者の時代が違っているので、そういう闘いはなされなかった。しかし天海の布陣を勝道が、あるいは空海が知ったなら、どんな顔をするかと思うと、興味深いものがある。

だが大陸の事件と異なり、日光における布陣はすべて、過去の呪術装置に対して危害を加えるものではない。確かに我田引水の強引な布陣ではあるが、皆が皆、前者のトライアングルを殺さず、活用しているのである。

これは大きな特徴だ。そして私にはそれは、彼らが日光という土地の地霊を己の我欲より、重んじた結果と思われるのだ。

呪術師達は何よりも、土地の霊気を重んじる。その配慮は神社仏閣の建て方ひとつにも現れる。それは本堂、社殿における、開口部の方角だ。日光と東京では、その方角に大きな相違があるのであった。

今までは記す機会がなかったが、私はこの神社仏閣巡りを始めてからずっと、建物の入口がどちらを向くか、その方角を測ってきた。

全国、だいたいメインとなるのは南向きのものである。神社関係者の話によると、それが基本の方角であり、南向き以外の社寺については、立地条件や、なんらかの意味があるということだった。

日光も東京もおおよそは、南向きの社寺で占められる。そして東京は南以外に、東に向いて口を開いた社寺が多く存在していた。私の調査した範囲での割合を示すと、南・六割、東・三割、その他・一割といったところか。

ところが日光の社寺においては、この東向きの社寺が一ヵ所――家康廟へ向かう鳥居のほかに存在しないのであった。それも家康の宝塔自体は、南向きを取っている。そっちこそ大事なものだとすると、東のものはゼロになる。

この忌避は東照宮のみじゃなく、日光全体のものである。つまり日光自体が東を嫌う、要素を持つということだ。それはいったい、何だろう。

東は木性の方角であり、五行相生相剋図《ごぎょうそうじょうそうこくず》によると、木性を嫌うのは土性のものだ。すると日光は、土性を一番、優位に置いた土地なのか。

五行相生相剋図

木《もく》生《しょう》火《か》
火《か》生《しょう》土《ど》
土《ど》生《しょう》金《きん》
金《きん》生《しょう》水《すい》
水《すい》生《しょう》木《もく》

水《すい》剋《こく》火《か》
火《か》剋《こく》金《きん》
金《きん》剋《こく》木《もく》
木《もく》剋《こく》土《ど》
土《ど》剋《こく》水《すい》

そう考えて図を見ると、土性が生みだすものは、金性のものだと記されていた。なるほど。日光が鉱山ならば、土を掘れば金属が出る。そしてここをいつまでも、金属の豊富な地とするためには、呪術的に、ここを土性と定めておくのが一番だ。日光にきた呪術師達は、そう思った——あるいはそれが、呪術的真実であったため、ここに土の気を殺す、木性=東の方角を用いることを回避したのだ。

呪術師達の用いる術は、土地を活かし、根本的な掟に逆らうこともなく、過去のモニュメントを壊しもしないで、それらを自己に活用するのだ。

（なんて日本的なんだろう）

私は苦笑してしまった。記したことは、昔から、日本文化の美徳とされているものと、ほとんど同じではないか。やはり呪術師といえど、日本人だということか。そして呪術も日本の文化のひとつということだ。

空海も天海も紛れもなく、日本的な日本人だ。そしてこの日本的な美徳を守ることこそが、日本の地霊におもねるための呪術テクニックだったのだ。

■もっと視野を広く持て

日本の呪術は日本文化だ。この、当り前のことに気づくのに、ずいぶん時間を使ってしまった。しかしこれで日光の調査はいったん、おしまいである。

日光は小さい土地ではあるが、その分、高密度の呪術を私の前に曝《さら》してくれた。天海《てんかい》の野望。呪術師達の陣取り合戦。そして大声では言えないが、武蔵野の地霊の正体も、私にそっと明かしてくれた。思いだすだけでもワクワクしてくる。そして何とも形容しがたい充実感も湧いてくる。私はキッチンでコーヒーを淹れ、江戸の呪術の発見に悦に入りつつ、ひとりで祝った。

「江戸は呪術都市なんだよ」

私はもう誰にでも、確信をもってそう言える。四神相応《ししんそうおう》や鬼門《きもん》の有無で突っ込まれても答えられるゾ。

江戸の呪術は都市計画と綿密に絡み合っている。そして江戸の呪術師の立て役者は天海サマだ。

ふっふっふっ。この成果、誰に最初に知らせてやろうか。そして現れた呪術布陣をどうやって役に立てようか。

(何に活用するかといったら、やっぱり自分のこれからの引越し先をどこにすべきか。それを決めるのに役立つよな)

いきなり話が、庶民レベルに落ちてしまうが、所詮私の考えなんて、こんな程度のものである。魔方陣がどんなに立派でも、自分の役に立たないのなら、こんなものなくたっておんなじだ。私がこの調査に手を染めた発端だって結局は、自分の暮らす場所の安全性を確かめることにあったのだった。

この先、住居を変えるとしたら、どこに住むのが適当か。私はすばらしい出来ばえの魔方陣を記した地図を見つめた。

江戸の魔方陣は幾重もの結界によって護《まも》られている。そしてその内側が多分、真実の江戸なのだ。

その基盤となる江戸の地域は、隅田川《すみだがわ》と西の熊野の結界に挟まれている場所である。東京において、このベースは荒川にまで拡張された。ここが江戸、あるいは東京と呼べる最低ラインの地域に当たる。

二番目は春日《かすが》神社を頂点に戴いたトライアングルと、その三角に底辺を重ねるツイン・トライアングルだ。ここはもう完璧に、神社の配置のみに頼った人工的な結界だ。この範囲の中にいれば、まあ、東京に住んでいるといっても、誰からも文句は出ないであろう。

そしてその中を様々なラインで区切り、密度を上げて、作った壁の一番分厚く、硬いところに江戸城の本丸は位置しているのであった。

こう記すと当然ながら、壁の枚数が多い場所ほど安全なような気になってくる。しかし一概にそう決めつけては、支障をきたす場合もあろう。

この魔方陣は、江戸城のために作られた要塞なのだ。前にも言ったが、呪術師は自分のことしか考えていない。魔方陣は我々庶民を護るためのものではないのだ。

私が徳川や頼朝に所縁《ゆかり》をもっているならともかく、そうでないのなら、慎重に様子を窺わなくてはなるまい。私以外の他の人が、そこに住むのも同様だ。問題は相性と血筋にある。

つまり、この魔方陣の中に万が一、豊臣に所縁をもつ人間が住んでいたなら、その人は徳川の霊気から障害を受けるだろうと思われるのだ。今川氏あたりの人間も嫌われてしまうかも知れない（いるなら、早く引っ越すように）。

それらに関係してなくたって、人には相性というものがある。魔方陣の中に入るのは、その中に込められた霊気を吸収し、体に入れるということだ。この魔方陣の中にある濃密な気と、外の気とどちらが自分の肌に合うかは、それはもう個人個人のもっている気質の問題である。

私は現在、魔方陣の外側に住み着いている。なんとなく悔しい気はするが、あの徳川やら熊野やらの空気にどっぷり浸かっていたら、果してこの本が書けたかどうか。ちょっと疑問に思うのだ。

内戦でも起こったときは内にいた方が安全そうだが、それ以外なら、この武蔵野に自分がどんなポジションをとって生きていきたいか。――このスタンスの取り方で、選択していくべきだろう。

行政の中枢や、美術館などの大きな文化施設の類は、魔方陣の中に集中している。政治家や国際的なスターなら（あるいはそうなりたいのなら）、魔方陣の中にいるべきだろう。けれども私のように、東京を野次馬根性で眺め暮らしていたいというなら、外にいた方がいいかも知れない。

（ラインの際とか、上でなければ、あとはケースバイケースだな）

私は思った。なんでラインの周辺がヤバいところかというと、塀の際には色々なモノが溜るだろうからだ。

外界から来て、内側に入れないでウロウロしている凶霊なんかがいるかも知れない。内側は内側で番兵が睨みをきかせているだろう。ここは居心地悪そうだ。

そしてラインの上に乗るのも、かなりの勇気が必要である。

ラインは神霊の通り道である。頭を低くしてやり過ごすことができるなら、それでもいいが、万が一、彼らの気に障る建物なんかに住んだ日にゃ、エライことになるだろう。

入口が鬼門を向いているとか、ラインに口を開けているとか。不用意に高い建物もお気に召さないかも知れない。何も知らずに神罰を受けるのも理不尽なことである。逆に妙に居心地良くて、自宅に霊気が溜っても、一般人にその環境がいいとは、とても思えない。

ここに住むなら江戸城の主のように、神仏を使いこなす意気込みと技量が必要になるだろう。そんな野望をもつこともなく、日々平穏に過ごしたいなら、ラインの周辺とその上は、避けておいた方が無難だ。

ともかくそれだけ注意をすれば、あとは自由ということだ。結界の中も外側も、それなりのメリット・デメリットがある。

(それに徳川の結界の外に住んでいるといっても、その他の魔方陣にお邪魔している可能性もあるんだし……)

魔方陣は武蔵野の専売特許なわけじゃない。武蔵野にあまり縁のない、空海までが魔方陣のノウハウを知っていたのである。ならば、武蔵野のみならず全国に魔方陣はあるはずだ。

「引っ越すときは、その土地の魔方陣を見つけだし、陣の構成メンバーを確認すればいいだけだ」

ラインの上だけは避けて……。

私はコーヒーカップを置いた。なんとなく胸が重苦しくなる。それは別にコーヒーの飲み過ぎというわけじゃない。

(全国に魔方陣はある——だってぇ!?)

くつろいで雑念に興じた私は、何気なく言った自分の言葉に、ショックを受けてしまったのだ。もちろんそんな厄介をいまさらしょい込むつもりはない。しかし少なくとも、もう一カ所、確認すべき所が残っている。それを、私は思いだしたのだ。

久能山《くのうさん》の東照宮だ。

静岡にある東照宮にも、私は行かねばならないのであった。

(なんだよ。江戸の魔方陣は、まだ終わっていないじゃないか！)

緩んだ頬が青ざめる。これで何かラインが見つかり、今までの事実がひっくり返ってしまったら、私はどうしたらいいんだぁ！

私は慌てて地図を広げた。

久能山東照宮は、家康が日光に葬られる前に仮埋葬されたところだ。当然、今までの経験から見て、ここは江戸と日光と、ラインで繋がるべき場所だ。

私は地図を広げざま、久能山に繋がるラインを懸命になって捜し始めた。

高藤晴俊氏によると、久能山は富士を通って、東照宮にラインを延ばしているらしい。しかし実際、富士山頂と久能山を結んでも日光東照宮には繋がらない。久能山と結ぶのは富士山本宮浅間大社《ふじさんほんぐうせんげんたいしや》で、日光においては男体山《なんたいさん》の山頂がポイントに当たるのだった。

男体山と富士山が、東照宮を介して繋がる。これはちょっとひっかかる。

富士は東京の四神相応《ししんそうおう》伝説で、実際の北の方位を無視して、玄武《げんぶ》といわれていた山である。それが東京の北に位置する男体山と結ぶとは、勘ぐってしまいたくなるではないか。

（魔方陣のラインが各ポイントの霊気を伝達するものならば、富士は男体山を通じて、武蔵野の北方に霊性を伝えているとはいえないだろうか）

もちろん、男体山も江戸城の真北にある山ではない。しかし富士よりは、この山を玄武とした方が通りがいい。かなり強引な意見だが、いまだに解けない玄武の謎を解くきっかけにはなるかも知れない。

（そうだ。玄武の問題も、まだ未解決のままだったんだ……）

こんなところで引っ越しの見積りを立てている場合じゃないのだ。私はますます慌てフタメキ、すぐさま久能山東照宮と富士山本宮浅間大社に飛んだ。

行っただけの成果はあった。

だがそれは私の予想とは、まるっきり異なる成果であった。取りこぼしをまとめるつもりの旅は、またもや私にハードな課題をつきつけてきたのであった。

本宮浅間大社には、境内から清水が湧きだしている。富士からの湧き水というそれは非常に澄んで美しい……。が、その名前が問題である。神田川というのであった。

――東京における玄武の山は駿河台《するがだい》、麹町《こうじまち》台地、神田山から眺めた富士の姿をいう。

それが玄武の規定であった。もちろん山と川とは違うが、神田という名前の相似は心にひっかかってくる。何かここに隠された仕掛は見いだせないものか。

理屈をこねくりまわしてみたが、納得のいく状況証拠はとうとう出てこなかった。何かがわかりかけているのに、そのキイポイントがつかめない。しばらくイライラした挙げ句、私は全国の東照宮のリストをやおら取りだした。

手近な東照宮を介して、ラインがうまくできないかという、姑息な考えをもったからである。だが、その結果もスカだった。今まで何度も味わった、咀嚼できない敗北感が、どっかり頭にのしかかる。

「出口はないのか⁉　突破口はどこだよ」

私はリストを必死に繰った。けれども、そうしていくほどに、東照宮の所在地はどんどん関東近県から遠のいていくばっかりだ。

まずい。またブレイクだ。こういうときは焦らずに、もう一度コーヒーでも飲んで、時を待つべきなのかも知れない。

だがもう喉は潤っている。仕方がないので私は、各地の東照宮の由来を読んで気を紛らわすことにした。

全国津々浦々に、東照宮は存在している。私はそれらを読みながら、和歌山にも東照宮が建っているというのを知った。

《東照宮方位図》（高藤晴俊説）

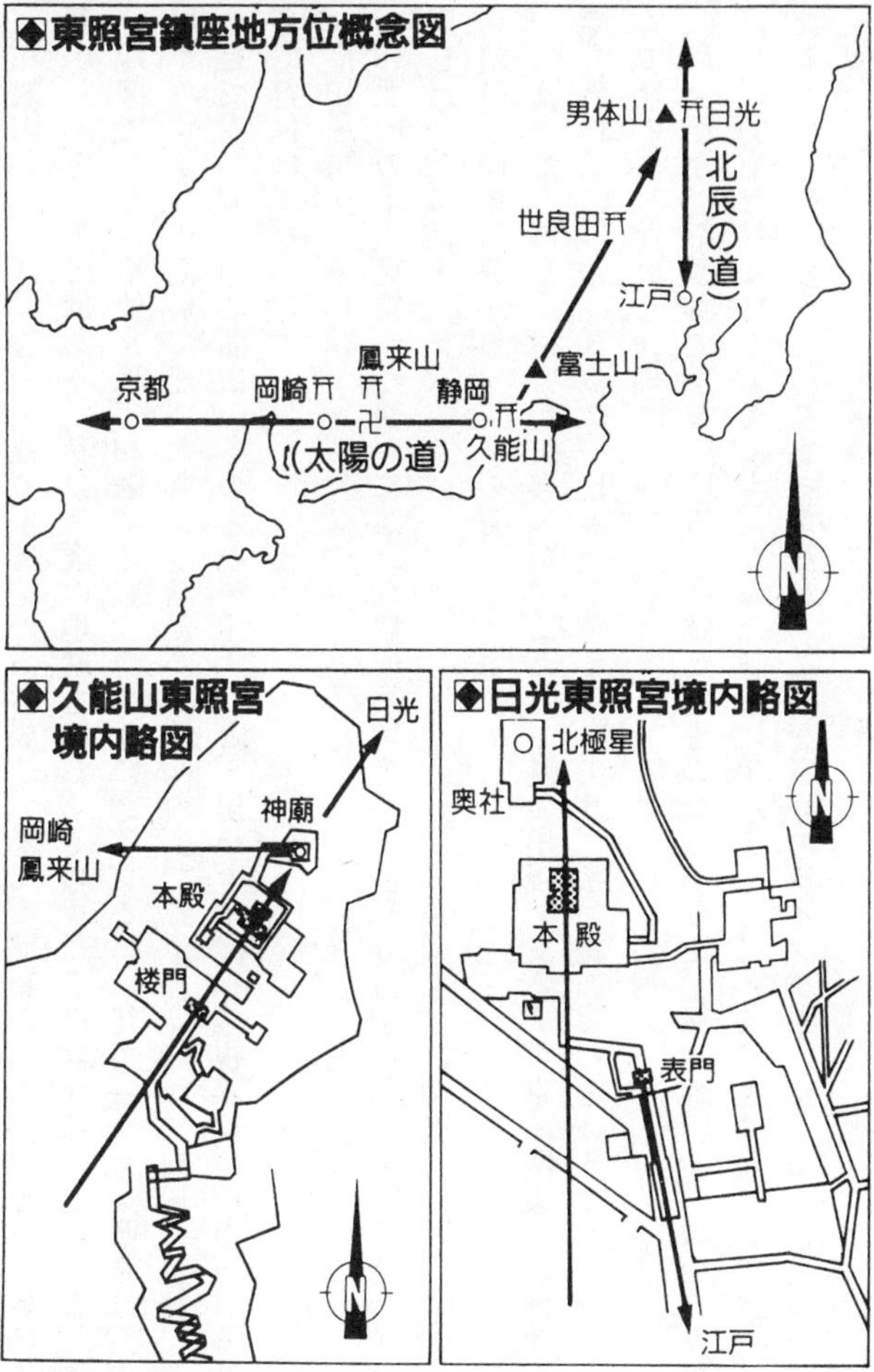

高藤晴俊著
『家康公と全国の東照宮』／『日本の秘地・魔界と聖域』（共著）
東京美術／ＫＫベストセラーズより

和歌山といえば、熊野神社の本拠地のある場所である。関東からは外れるが、興味の惹かれるところではある。私は近畿の地図を出し、その場所を確認することにした。地図で捜した東照宮は、和歌浦《わかのうら》という海べりにある。ここに建てられた東照宮は、天海がみずから出向いて建てたという話だが、地図の上では単なる点だ。周辺に視線を巡らせてみても、別に面白いものもない……。と、思いきや。私の視線は、その東方の地名に釘付けになった。

隅田・真土《まつち》・隅田川。

和歌山の——東京から遥かに離れた場所の地名が、浅草寺《せんそうじ》近辺にあるものとそっくり同じだったのだ！

「紀伊と浅草が繋がるってぇの⁉」

しまったという、思いがよぎった。またもや謎の出現である。東京・関東のみですら、持て余しているというのに、日本全土をまたにかけ、私に調査しろというのか！

「できるワケないじゃん」

たった今、全国まで手を広げるのは嫌だと言ったばかりだ。私は地図を、ほっぽり投げた。関東だけならともかくも、こんな遠方に手を広げては、ますます足抜けできなくなる。流されるままにここまで来たが、これを自分のライフワークにするなんて気は、毛頭ない。

しかし、私は視界の隅に追いやった地図に、どうしても視線を戻してしまうのだった。ちらりちらりと眺める時間が、段々長くなるのがわかる。

「紀伊の隅田に、八幡宮が建っているのか。これは頼朝関係かしらん。東京の熊野の祭神と同一の神を祭っていた、伊太祁曾《いたきそ》神社も近くなんだな……」

ちくしょう。面白そうではないか。まるで、超絶美味《うま》そうなデコレーションケーキをまるごと出されて、「全部食べるなら、君にあげる」と、言われてでもいるような気分だ。

消化不良は目に見えている。しかし、私は食べたいぞ！

よおし、やってやろうではないか。久能山など、すでに忘れて、私は身を乗りだした。

幸か不幸か。運命がみずから私に手招きし、コナをかけてくれたのだ。出てくる答えもそれに見合った、面白いものに違いない。

和歌山の詳細地図を買い、日本地図を用意する。

そして出てきた結論を見て――、日本の地霊が何を言いたかったのか、私はやっと理解したのだ。

彼らが意地悪く気を惹いて、私に訴えてきたことは、つまり、こういうことだったのだ。

関東に熊野が関係するのに、南紀の熊野神社を見ずして、何をほざいているか、と。

天海が天台宗だというのに、比叡山を見ずに、何が語れる。そして八幡信仰と日吉《ひよし》信仰が出てきているのに、それらの元になっている神社を無視していいものか！

彼らは、私にそう訴えた。

自分の住居なんかを捜して、ウロウロしている暇はない。武蔵野の地霊は近畿にも、影を落としていたのであった。そして日本全国の地霊をも後ろに従えて、彼らは相互に綿密なコンタクトを取っていたのであった。

武蔵野の神は関東平野の中でのみ、命を繋いでいるわけではない。彼らは日本の神なのだ。

和歌浦にある東照宮は、それを私に教示した。そしてもっと調べろと、私を休ませることなく、せっつく。

（人参を前にぶらさげられた、馬になった気分だな）

挑戦しているというよりは、地霊にいいように操られ、鼻面を引き回されている感がある。しかし、まあいいだろう。これで望む答えが出るなら、今度こそ、誰に臆することもなく、東京が呪術都市だと言えるなら、この状況は悪くない。中途半端な答えを出して、呪術師にバカにされるより、ずっと賢明な行動だ。

新たに手中に収まった日本魔方陣のアイテムを、私は眺め、頷《うなず》いた。地図がもの言いたげな様子で、こっちを窺っているかのようだ。

私はその囁きを、注意深く解読していく。

陽に曝《さら》された川面ばかりが、日本の歴史のすべてではない。流れは深い。水底《みなそこ》の水流こそが、日本という名の川の形を作っていくのだ。そして宗教というものもまた、単なる精神文化ではない。

(あなたはそう言いたいんでしょう?)

私の密かな問いかけに、地霊は静かに首肯《しゅこう》した。

そして彼らは、呟いた。

──神を祭るのは、信仰ではない。選ばれた覇者に万物を跪《ひざまず》かせる方法なのだ。我ら地霊の力によって、日本は統《す》べられているのだ……と。

──西日本と東を繋げる、広大な呪術が姿を見せる。その魔方陣の華麗さに、そして呪術師に闘いを挑んだ自分の無謀さに、私は長い吐息を漏らした。

補遺（旧文庫版後書き）

この本を上梓してからもう、数年が経ってしまった。

ハードカバーで出版されたとき、この『大江戸魔方陣』には、後書きはついていなかった。タイトルこそ違え、私の中で『大江戸魔方陣』と『東京魔方陣』は上下本の扱いだったので、わざとつけなかったのだ（その代わりに、前書きがある）。

けれども時間が経つに従い『大江戸』にも『東京』にも、言いたいことが沢山出てきた。

それで、この後書きだ。

ありがたいことに、本書に対しては随分、反響をいただいた。

（やはりみんな、東京に関心を持っているんだな）

嬉しい限りだ。

ただひとつ、やや誤解を招いたのは、幾多のラインを私自身の発明だと思われたことである。それは誤解というものだ。魔方陣は私の発明ではない。

地図上に図形を見いだすことが、私の独創でないことは言うまでもない。そして今回、私が示したラインもまた、私のオリジナルではない。

つまり、本書に描かれた図形は「マニュアルを持った呪術師」が作り出したもの。私はそれを「発見」したかも知れないが「発明」したわけじゃない。発明できるアタマがあると思われるのは嬉しいけれど、残念なことに、それはない。

古代遺跡の発掘者は、遺跡の創造者というわけではないのだ。これは明言しておこう。

魔方陣ははるか昔から、存在していた。気をつけなければ見えないものだが、地に埋まっているものではない。だから、誰にでも発見できる。そしてどこにでもあるものだ。


さて。

『大江戸魔方陣』の出版後、日光東照宮の神官である高藤晴俊氏からいろいろとご教示をいただいた。本当にありがたい。

氏は研究者・カメラマンとしても活躍なさっており、東照宮の研究では第一人者というべき方だ。

氏の指摘は、作者にとってはなかなか痛いものもあった。だが、やはり現場で研究している方は門外漢の私よりはるかに知識が勝っている。こっちにとっては新発見！　という感じも多々あったので、氏の許可をいただき、この場で拙書の補足説明をしたいと思う。

本文を直さなかったのは、改訂版を上梓するつもりがなかったからだ。いずれ機会もあるかも知れないが、そのときはもっと技に磨きをかけて、新たな展開を用意したい。

そう思っているので、今回はすべて、後書きで述べることにした。単に作者の不精ともいえるが、そこは目をつぶっていただきたい。


まず、二荒山神社の祭神名だ。

どうやら十七世紀の段階では二荒山神社の祭神は確定しておらず、不明とするのが正しいらしい。

記紀神話のいい加減さは最近、思い知ったことだが、この頃はまだ私も甘かった。まぁ、日本の神々の神名はほとんど、後世の付会に過ぎないものだ。もちろん後付けにしろ何にしろ、それ自体にも意味はある。だが本来の神の姿は山そのものであり、光そのもの。地域別の呼称はあっただろうが、統一はされてなかったはずだ。

だから二荒山神社の祭神名が十七世紀の段階でまだ、確定してなかったということは——文書《もんじょ》に記載がないというのは、納得できることなのだ。

未だ名のない神だったのか。はたまた記載できないような神がここに座していたのか。

それは不明だが、思うに東照宮以前から「二荒山」のおわしたこの場所は、ごく最近まで中央の管理の行き届かない場所（地理的にという意味ではない）、即ち本来の意味での聖地＝アジールとしての特性を保っていたということではないのか。

ふむ。やはり日光は深い。

同じく祭神名の指摘で、もうひとつ。

星宮に祀られているのは、虚空蔵菩薩《こくうぞうぼさつ》ではなく「天補星《てんほせい》」であったという。高藤氏の説はこの「天補星」を北斗七星の補星としている。これは、私も大賛成だ。

むろん、星宮に虚空蔵菩薩が祀られているという話でも納得はいく。空海の為した行の中で大きなウェイトを占める虚空蔵求聞持法《ぐもんじほう》は、星の呪力なくては成就しない法だからだ。しかし勝道上人を導いた明星天子、摩多羅神の北斗七星。星だらけの日光に、そんな捻り技を入れるより、「天補星」と言われた方がすっきり、こちらの気持ちも収まる。

しかも北斗七星の補星は文中でも論じたように、摩多羅神ともいわれる星だ。もし空海の時代から、補星がこの地に祀られていたなら、東照宮におわす摩多羅神も、より大きな意味を持ってくる。

ふむむ。やはり日光は侮りがたいというべきだろう。

ありゃありゃ、と赤面するご指摘も受けた。

家康の墓所には藤堂高虎と天海の像は祀られていないそうである。じ、じゃあ、あそこでニヤニヤしていた私はただのバカだったのか……。がっくりしてしまったが、事実は事実だ。しょうがない。

なんだかこれに関しては、藤堂家の伝説にうまく騙されたような気がする。だが、ん、待てよ。こういう意識操作自体、呪術のひとつともいえる。藤堂家は勘違いする奴がでてくることを、密かに望んでいたのではないのか。

まあ、これこそ負け惜しみという奴なので、放っておいていただこう。そんなことより、一番の問題は神社の位置だ。

あの時どうしてもわからなかった神社の成立年代や、移動以前の堂宇の場所、そして単純な間違いが氏によって明らかになったのだ。

形になってしまった著作に対しては、言い逃れのできないミスだ。が、正直言って、私は新しい発見をしたような気持ちになった。

つまり面白かったのだ。

単純な間違いから話をしよう。これは全然、面白くない。

MAP18で図示し、MAP22で③にマークされた北野神社は、根本的に位置が違った。だけどこれは私のせいじゃない。私はちゃんと地図を見た。

「何やってんだ、地図ぐらいいちゃんと作っとけ！」

我は言いたい。お陰で恥をかいたじゃないか。

さて。もう一度、地図を見ていただきたい。

実は北野神社はＭＡＰ20の④素麺滝と、ＭＡＰ22の④徳川家康墓所の延長線上にある。

つまり一本のラインで繋がるわけだ。その代わり、ＭＡＰ22の③④⑤の三角は消える。

ちょっとシンプルになってしまう。が、たいして意味は変わらないのが、幸いといえば幸いか。

ＭＡＰ20の⑤⑥、ふたつの磐裂神社は後世に勧請されたものらしい。後世というのがいつなのか、正確にはわからない。だが明治以降なのは確かなようだ。だとすると、今度はＭＡＰ20「由来不明の神社」における⑤⑫⑨の三角が消え、ＭＡＰ21「空海」で③滝尾神社をもちいた巨大な三角も、この時点では消えることになる。

これが、なかなか面白いのだ。これら消えた三角形はつまり『東京魔方陣』で記される明治新政府の計画に関わる神社になるからだ。

ちょっと——いや、かなり怖い。

しかし、その怖さは『東京魔方陣』の後書きで記すことにしたい。江戸編で述べるのは早計だ。もったいぶっているわけじゃない。私はこういうことを語るのにいまだ、かなり慎重なのだ。

東京は呪術都市である。

その考えは変わらない。むしろ時の経った今こそ、私はその思いを強くしている。そしてそれゆえ、以前より私は臆病になったと思う。だからこそ、この後書きを『東京魔方陣』に繋げたい。

――事実は面白いけど、怖い。

ゆえに、この尻切れトンボの後書きを今はどうか、許して欲しい。

特別収録

東京の顔、都庁を風水する

東京都庁は、東京の「顔」となりえるのか

東京のガイドブックを開くと、名所旧跡の紹介がほとんど記されていないのに気づく。大半は買い物とレストラン、そして美術館等のアミューズメントパークの案内だ。名所としてページが割かれているのは、せいぜい皇居ぐらいだろうか。

それでいながら、ガイドブック自体の表紙は新都庁舎のビルであったり、国会議事堂だったりするのが、なんとも微妙なところと言えよう。大阪などのガイドブックも作りは大体、同様だ。どうやら都市における「名所」と「顔」は異なるものであるらしい。

しかし、ブティックやレストランの「名所」は時々で変化をするが、「顔」は滅多に変化しない。殊に国の重要施設は何十年も同じ顔を保ち続ける。そしてその時間がある意味、町の雰囲気を決定していく。

国の施設でなくともいい。たとえば親子連れの多い遊園地の近くには、親子連れ向けの店舗や、アミューズメントパークを意識した建物群ができてくる。そしてそれに伴って、交通手段の整備・改良がなされていくのだ。

人為的な環境（＝景色）により、町は刻々と変化していく。人の出入りの多い巨大建

築物の側には、用途に似合った町並みがポイントを中心に整っていく。逆に、人気《にんき》のない巨大建築の周辺は寂《さび》れるか、あるいは建築の存在を無視したポイントを他に造って栄えていくのだ。

つまり――「吉祥の地に吉祥の建物を置けば、町そのものが繁栄する」。

考え方は、風水と同じだ。

東京都の官公庁は皇居の周囲に集まっている。

これは皇居が江戸城であったとき以来の伝統だ。江戸の都市は、城を中心に左回りの渦巻きの形を描いて発展した。広大な関東平野に街造りを計画するなら、渦巻き状に都市部を伸ばしていくというのは理想的なやり方だ。

形自体にも呪術的な要素が含まれているし、また、都市部を拡張させる方法としても、ただアメーバ状に広げていくより都市計画が立てやすい。東京において、渦の基点である皇居付近に政治機能が集まるのは、江戸の方法論を引き継いでいるゆえである。そして、それは江戸時代の呪術をも東京が受け継いでいる証でもあった。

けれども平成三年、首都機能の中枢が皇居周辺から逸脱した。その中枢とは――いうまでもない《東京都庁》だ。

この動きには何か意味があるのか。現・千代田区にある官公庁舎と有楽町にあった旧都庁舎、そして現都庁舎を比較したとき、何か、差異が見つけられるか。

検討してみることにした。

都庁が建てられた地は、忌まれていた

新都庁舎は今や、東京の観光名所のひとつでもある。四五階、二〇二メートルの高みに造られた二つの展望室は、池袋サンシャインシティの最上階より人気があるといっていいだろう。

約四万二千九四〇ヘクタールの敷地に建てられた建物は、第一本庁舎が二四三メートル、地上四八階、地下三階。第二本庁舎が一六三メートル、地上三四階、地下三階。都議会議事堂が四一メートル、地上七階、地下一階。新宿中央公園を背後に控え、近隣の高層ビルを睥睨《へいげい》する巨大建築物だ。

二つの塔を頂いた斬新なデザインはテレビのCMなどでも使用され、形だけはほぼ日本全国の人々が知っているに違いない。しかし、この場所に新都庁舎が建つと決まったとき、東京に昔から住んでいる人々がこぞって首を横に振ったという事を、どれほどの人が知るだろうか。

都庁舎が建つ以前、この土地は淀橋浄水場という巨大な溜池だったのだ。それ以前の

ここ一帯は十二社熊野神社に代表された、湧水豊かな場所だった。

そんな地盤の緩い地を埋め立て、多大な重量を持つ建築物を建てる自体、ある意味、無謀なことだ。だが、東京の人々が嫌がったのは、現実的な理由とはちょっとかけ離れた話だった。なぜなら江戸時代以来、この一帯は有名な怪談スポットだったからだ。

都庁の背後・西北の方に位置する淀橋は、江戸期より幽霊の出る橋として著名な場所だった。花嫁はそこを不吉とし、渡らなかったという伝説もある。そして浄水場が埋め立てられて高層ビルが建ち並ぶようになってなお、新都庁舎予定地は広大な空き地として残され続け、そこに根拠のないままに幽霊話が囁《ささや》かれていた。

なぜか世の中にはわけもなく、忌み嫌われる土地というのが存在する。無論、そこに定住する人も多くいるので、この眼差しは外部のものだが、東京における浄水場跡地は、忌まれる土地の典型だった。

浄水場が移転して、都の工事がはじまってから二〇年以上も、一帯は背の高いクレーン車などが、ときたま動くだけの更地であった。二〇年といえば、一世代の間にイメージを構築するには十分の時間だ。ビル風の吹きすさぶ中、夜も昼もただ暗く、人気《ひとけ》も疎《まば》らなこの土地は、幽霊話を語るにはある意味、格好の「辺境」だったに違いない。

それゆえ、ここに建てられる新都庁舎に話が及ぶと、淀橋の伝説を知る人も知らない人も、決まって呟いたのである。

「あんな土地に……」

いまだに伝説は生きているのか、新都庁舎は都民に人気がない。私の知る限り、多くの人があの建物に好感情を抱けないまま、今に至っている。都庁舎を誹謗する気はないが、多くの人に「否」といわせる何かが、あの巨大建築物のどこかに潜んでいるのではないか。

風水を考えて、都庁は建てられているのか

JR新宿駅西口から動く歩道を横目で見つつ、案内板通りに進んでいくと、新設された都営地下鉄大江戸線連絡口に出る。この通路も地下鉄も都庁舎竣工後、庁舎の便のためにできたものだ。そこに入ってしばらく歩くと、地下道の合流地点に出る。この場所から都庁舎までは一直線に結ばれている。無機質かつ直線的なデザインは、庁舎のそれを意識したのか。合流点には抽象的なガラスのオブジェが置かれてあった。前面に平面ガラスをひとつ据え、半円凹状のガラスが数個、都庁の方に向いているものだ。

「石厳當《いしがんとう》」

私は思わず、呟いた。

石巌當は沖縄に見られる魔除けの呪物だ。いにしえの中国の武人の名を記したといわれる石巌當は、辻やY字路、道の行き止まりなどに据えられて、魔の通行を遮断する。なぜ辻やY字路なのかといえば、風水におけるそのテの場所は、道を通ってきた邪気が衝突し、凶気をはらむとみなされるからだ。

一説、邪気は直線的にしか進むことができないという。従って、石巌當はまっすぐ進んできた邪気を、行き止まりで待ちかまえ、砕破する役目を負っているのだ。

地下道の合流点は、都庁側から見た場合、まさしくY字路の分岐点にあたる。そこに受け皿状のオブジェを立てるということは、偶然にしろ意味があるだろう。けれども石巌當は魔除けの呪物。このオブジェに意味を見つけた場合、都庁からの気は祓われるべき邪気と同等だと言っていることになってしまう。それでは都庁の立場はない。意味づけは慎重になされるべきだ。

そんなことを思いつつ、先に進むとやがて都庁舎の前に出る。

第一本庁舎と都議会議事堂の建物は、都庁通りを間にはさんで連絡通路でつながっている。連絡通路は、二つの建物の三階を両側から接続し、人が両手を前に伸ばして円を描いた格好になっている。中心物の前面をこのように囲うデザインは、典型的な風水墓の形と似ているように思える。

新都庁舎が風水を考えているといった噂は、建築当初から囁かれていた。東京都がそれを認めたとはついぞ聞かない話だが、確かに――。

少しでも風水の知識があるなら、そんな話をしたくなるのは当然と思える建築だ。

官公庁の建設が、まじないじみたものに頼って建てられるわけはないだろう。そうは思うものの、生憎、風水は人相見に通じるものがある。人間の顔はもちろん、占いに頼って変わるものではない。しかし、観相占いはその顔に意味づけをして運を読みとる。

建築物を見る場合の風水・家相も同様だ。単に機能や外見を重視して建てられた家や建築も、風水師の手にかかってしまえば土地の意味からはじまって、向きや色彩・形のすべてから「運命」を読みとられてしまうのだ。

ゆえに都庁舎が風水を考えられて建てられたかどうかは、どうでもいい。

問題はこの建物が中国や沖縄で見られる風水墓に似ているということだ。

都庁を風水すると、どうなるか

風水墓は子孫の繁栄を図るためのものである。両袖で内側を抱えるような形態は、墓のみならず風水都市の造りそのものにもあい通じるパターンだ。即ち、緩やかに弧を描いた山岳を両側に見る中心に、町を造るやり方だ。

墓も町も、共にこのパターンを吉祥のデザインと見做《みな》す。しかし、新都庁舎と伝統的な風水の吉祥パターンには、ふたつばかり大きな差異が存在している。

ひとつは都庁舎の両袖の下を流れる、自動車道路の存在だ。

風水における道路や線路は、川と同等の意味を持つ。川は二つの土地を分割し、場合によっては結界と同じ役割を果たす。また、風水では勢いのある直線的な川は周辺の気を削ぐものとして、建物の近く、あるいは建物の中にあることを嫌う傾向を持っている。ゆえ、都庁舎の間を流れる自動車道路は、風水的にはまず「凶」と判断されてしまうのだ。

だが、その道路をまたぐ連絡通路を橋と見た場合、この判断は微妙に異なってくる。橋というのはふたつの世界の境となって、通る人間を清めたり、別の世界に誘《いざな》う装置だ。これを都庁舎にあてはめたなら、ふたつの建物を行き来する人々は、ある種、新たな覚悟を持って、本庁舎と議事堂の両者を往来することになり、都政を担う緊張を保つことができるであろう――そういう判断も可能になる。

けれども不即不離であるはずの議会決議とその運行を、切り離してしまってもいいものか。私は疑問に思うのだ。

もうひとつの差異は形そのものだ。風水墓は両翼となる部分を決して閉じはしない。前面を開け、気の流れを塞がないようにしているのだ。対して、都庁舎は完全に輪が閉じてしまっている形を取る。これでは中に、気は入らない。中の気もまた、滞る。

自動車道路が間にあるので、これも一概に判断はできないが、閉じた形を用いるここは、守りの姿勢がかなり強いと言えることは確かだろう。

この「守り」は都庁舎のほかの場所にも見受けられる。いや、よくよく観察していくと、新都庁舎は「守り」と「安定」の仕掛で充ち充ちている。

地上一階のエントランス正面には四個のピラミッドが置かれてあり、正面から出入口が見渡せないようになっている。

前述したとおり、まっすぐに入ってくる気は邪気となる。無論、人もこのゲートから入るためには、左右に迂回をせざるを得なくなる。

ピラミッドはいまだ、科学で説明のつかないパワーを増大する形といわれている。が、中国的な思想から見れば、四角は大地・安定の象徴だ。それを四つの三角形（三角形は呪力を持つといわれている）で立ち上がらせた四角錐は、安定に次ぐ安定を求めているように思われる。

一階に相当する場所は、地下通路につながっている。ここもエントランスの正面は壁であり、地下通路は二つに分かれる。先程のY字路ほど鋭角的なものではないので、気になるオブジェは見当たらないが、直線の気を避けるという方法はここでもまた活きている。

まだある。

内部に入ると、正面にステンレスと真鍮で出来たオブジェが見えるのだ。三角形を二つ合わせた枡形・金色の物体がゆらゆら揺れているものだ。上部は吹き抜けになっているので、一見、気を上昇させる装置のように思えるが、これもまた、直進を遮るもの。安定の四角形をモチーフにしているという点では他者と同じだ。

都議会議事堂への一般見学通路も気にかかる。見学者は南側の通路から北に抜けるように指示される。その中心になる議事堂の入り口付近に、二つの壁画が描かれている。一般が入る南は縦長。北は横長の黒い壁画だ。南のそれは入ってくるものを止める作用。北のそれは、それでも入ってきたものを排出する作用を持っている。

偶然にしろ何にしろ、出来過ぎに思える感がある。

決定的な欠点は見当たらないが……

記したもののみに留まらず、都庁舎のデザインは四角形のモチーフで溢れている。確かに直線はシャープで理知的なイメージを与えるので、政治機能を処理する場所としては相応しいモチーフに違いない。けれども人が落ち着くのは、曲線・円のモチーフだ。

すべてを直線で構築しては、息詰まってきはしないのか。

再び外部に目を転じると、側面の壁に鼠返しのような奇妙な突起がついているのが目についた。これは地面から立ちのぼる気の上昇を妨げるものだ。加え、議事堂と第一本庁舎をつなぐ通路の下には、「禁止」「封じ」を表す×印が連なっており、これも上昇する何かを防いでいると見なされる。

この土地は、忌まれた土地だった。もし都庁舎が風水を知って造られたものだとするならば、この処置は悪い土地に対する対抗策とも受け取れる。しかし、その可能性はゼロに近い。風水を知るなら、まず悪い土地を避けるのが一番の良策であるからだ。

内部でもうひとつ気になるのは、一階にシンメトリーに配された左右のエスカレーターだ。ここのエスカレーターは、よくあるように上りと下りが一緒になっているものではない。下りは手前でやや長く。上りは奥に、やや勾配をきつくして、短く配置されている。

上下を分けて配置するこの方法は、それこそ風水を意識して作られた香港上海銀行に見られる。香港上海銀行がそうした意図は、上昇する気と下降する気を分割し、よりよい活気を銀行内に取り込むためだと言われている。

しかし都庁舎のそれは、香港上海銀行とは上下が逆だ。香港上海銀行は土地の気を取り込むため、上昇するエスカレーターを前面に出した。その理論を適用するなら、都庁は内の気を排出するため、あるいは外気を入れないように下りのエスカレーターを前面に配したことになる。

正面のピラミッドからはじまって、外部の×印や奇妙な突起物。このエスカレーターに至るまで、都庁はガチガチの保守主義だ。守りが堅すぎ、まるで何かに怯えているように思えるほどだ。

いや、その言い方は意地悪すぎるか。視点を逆にしてみよう。

アンテナのようなツインタワー。下りのエスカレーター。下降した気をピラミッドや石厳當などのあらゆる浄化作用を使い、クリアにして都民に伝達していく……。

都庁舎はここを中枢として、都の意志をちまたに流すことのみに専念している建物と見ることもまた、可能だろう。他者の気を排除しすぎる点で、頑固すぎる気もするが、そう考えれば都のもくろみも納得できるものがある。

いずれにしろ、この建物は非常に興味深いものがあるし、実際、よくできている。口さがない人々がこの建物を嫌悪する決定的な理由は見えない。皇居周辺から、西方向に移動したことにも理屈はあろう。

だが……、ひとつだけ、不審点を言っておこう。この中は磁石が狂うのだ。

電気機器の電圧が高いのかどうかは知らないが、場所によっては四五度も、磁石の針は実際とは異なった方位を指し示す。その最たる場所が入り口付近だ。

新都庁舎の入り口は、若さと最新情報を取り込むといわれる真東に向いて位置している。けれども、建物の内部に入って方位磁石を覗いたとき、その針は常に鬼の住む方位――鬼門を示してしまうのだ。

新都庁と旧都庁に違いはあるのか

新都庁舎ばかりが「安定」と「守り」を重視しているのか。旧都庁舎はどうだったのか。私は写真集をめくってみた。東京都から出版された『写真記録 旧丸の内都庁舎』だ。

実際に中を歩いたわけではないので、うまく語ることはできないが、これがまた非常に外も中も四角形のモチーフで溢れている。そして、やはり第一庁舎は腕を伸ばす格好で、前面に囲いを作っている。正面玄関は地続きの一階に位置するが、第一ホールと呼ばれるメインの建物に入るには、中庭の上に掛けられた橋を渡る形になっている。

こう見ると、新都庁舎はかなり旧都庁舎と相似している。しかし中庭を囲む旧都庁舎の腕は片側しかない。また、正面の守りも緩い。基本は同じ「安定」志向だが、「守り」という面では、旧都庁舎の方がはるかに寛容だ。

それにしても、東京はそんなに安定と守りが必要なのか。政治とは、そういうものなのか。

考えてみると、吹上御所にも中庭がある。改めて千代田区の官公庁街を歩いてみれば、中庭を有した建築物が多いのも非常に気になってくる。国会議事堂は最たる例だ。しかも、あそこは中庭を衆議院と参議院の棟に分け、壁で区切ってしまっている。内側に籠もるのみならず、両者の通行にも壁があるのだ。

文部科学省・財務省・特許庁、人事院などの入っている庁舎も形式は同じだ。東京のみならず、日本の政治そのものが保守主義に走る原因は、建物にもあるということか。

人を和らげる要素は曲線だ。それをここまで排除する庁舎は、やはり一般人にとってはなじめないものを感じるのだ。

科学技術館は、呪符を体言している

官公庁巡りに飽きたので、私はそのまま、竹橋にある《科学技術館》に向かった。この建物は風水云々というよりも、ひどく呪術的であるように以前から感じていたからだ。

航空写真で見る建物は「大」の字形——即ち、象徴的には星形に等しい形を持つ。のみならず、窓は六芒星《ろくぼうせい》の形にすべて切り抜かれている。建物の芯の部分となる内部のスペースは五角形で、これもまた点をつなげると五芒星が描けるといった塩梅だ。五芒星・六芒星の星形は、世界に共通する強力な呪符だ。似たようなシステムを持つ建物には五稜郭やペンタゴンがある。しかし科学技術館は政治の主要機関ではない。なのになぜ、こんなに強力なデザインの建物を建てたのか。

理由はここが皇居の北の丸に当たっていることと、第一機動隊の基地を背後に控えていることにあるのではないか。

旧日本陸軍は星形を軍帽につけていた。一説に、その星形は呪符として用いたといわれている。この説がもしも妥当なら、科学技術館も旧陸軍のそれと同様、皇室と武力の仲立ちをする呪符になる。

無論、これは私の勝手な想像だ。だが、土地にも建物にも形にも意味のあるのが風水ならば、こういう施設にも意味づけは可能だ。その推論が妥当かどうかは、まったく別の話であるが。

東京の呪術的安泰のために……

さて、最後に旧都庁舎の場所にある《東京国際フォーラム》を見よう。

四角四面の官公庁の跡地にいかなるものが建ったか。国際文化交流をコンセプトに持つ建物は官公庁とどこが違うのか。

私は何の知識もないまま、はじめてここを訪れたのだが……。いや、感動的に気持ちよかった。

ガラス棟と銘打たれた空間は、文字通りガラス材を中心に七階まで（実際は地下を含む八階分）の吹き抜けだ。下はベンチがあるだけの広場となっており、無駄といえばこまで無駄な空間もない。が、ほとんど遮蔽物《しゃへいぶつ》のない高い天井、船をデザインした曲線の連なりはひたすら美しい。

空間が巨大なせいで、人の気配も希薄であり、落ち着けるし、十分なごめる。円と外光の威力というのをしみじみ感じるデザインだ。地下から見上げると、ガラスの向こうに動く緑の木々が効果的だ。密閉空間となる室内のエレベーターも、照明をうまく操作して、柔らかな弧の連なりが壁に映るようになっている。

東京国際フォーラムはまさに人が憩うには、最適の場所として造られているのだ。

「東京都もやれば、できるじゃないか」と、思わず手をたたいたが、逆をいうなら、この場所で緊張感を保つことは不可能だ。周囲を見渡すと、みなが一様に腰を落ち着け、だらだらと時間を過ごしている。

円や弧は確かに人に親しむ形だが、やはり政治や経済を考える庁舎に取り入れるのは、リスクを伴うものなのかも知れない。

ちなみにこの建物の設計師はアメリカ人だ。風水云々を持ち出さなくとも、ゆったり過ごせる場の感覚は世界共通なのだろう。

とはいうものの、ここにも頑固な日本の一面が見出せる。呪術的な頑固さだ。

多分、設計士の意図とは反するものと思われるのだが、あまりにてらいない仕掛けなので、それを紹介し、本稿を締めくくることにしたいと思う。

東京国際フォーラムの会場一階の鬼門には、ブロンズの太田道灌像がしっかり西を向いて建っているのだ。

これは、旧都庁舎にあった銅像だ。そうして向きも同様だ。新宿の新都庁舎に像が移動しなかったのは、デザインにあわないというよりは動かせなかったというのが真実だろう。

鬼門の魔は除けねばならない。そして西は皇居の方角。

江戸城を造った道灌は時代が移っても、建物が変わっても、江戸城・皇居の守護として、丸の内に立ち続け、土地を守護しなければならないのである。

——東京の呪術的安泰のため。

新装文庫版後書き

『大江戸魔方陣』が上梓されたのは一九九四年。

今回、補遺として収録した河出文庫版の後書きを記したのが一九九七年。

「東京の顔、都庁を風水する」は、一九九八年『ワールドミステリーツアー13【東京篇】』に掲載された原稿だ。

すべて二十年以上前の話だ。その後、東京は大きく変わった。その変化について、少し記そう。

現在に繋がる東京及び日本の変化は一九九七年から始まったと、私は考えている。

ひとつは東京湾アクアラインの開通。もうひとつは、お台場の顔となったFCGビル。

共に一九九七年の開通・開館となっている。

アクアラインの着工は一九八九年。拙著が上梓されたとき、既に工事は進んでいた。

それを気にしつつ原稿を書き、私は密かに考えていた。

（東京はもう風水を気にしなくなったのか……）

神奈川県と千葉県を繋ぐ高速道路が便利であることは間違いない。だが、東京湾を横断することは、ゆゆしき問題と言っていい。

　なぜなら、それまでの東京湾は土地の発展と経済にとって、最適な形になっていたからだ。

「東京の顔、都庁を風水する」でも記したが、両腕を弧にして囲う形は吉相だ。そして水は経済を表す。水を囲って緩やかに湾の内に巡らせて、外に出して代謝を図る。淀まず、滞らず、適度な勢いで循環する水は東京に繁栄をもたらした。

　それが、アクアラインで閉じられた。

　実際には海水は橋脚の下を流れているが、象意としては閉じてしまった。新都庁舎と同様だ。思想や経済が保守的になって、自由闊達の気概は削がれる。

　その開通の半年ほど前、ＦＣＧビルが開館した。

　風水を知り尽くした香港などでは、海に面したビルに空間を設けて、龍の道を塞がないように工夫する。ＦＣＧビルのデザインを知ったとき、私はこのビルもそうした考えを取り入れたのかと思った。しかし、残念ながら、やり過ぎた。龍を意識した建築に、龍珠と覚しき球体を取りつけてしまったゆえである。

　球体は直径三十二メートルのチタン製。建築としては大したものだが、ここに珠を置いてしまっては龍は自由に往き来できない。いや、たとえこの建物が吉だとしても、前後して建築ラッシュとなったお台場、有明、汐留のビル群は、我々に息苦しさを与えるはずだ。

実際、ビルの「壁」ができたのち、東京の気は滞り、気温が大きく上昇している。海風が遮られたために、地球規模の温暖化とは別の要因で上昇したのだ。

風水は呪術的なものではあるが、それ以上に現実的な快適さ、暮らしやすさを求める術だ。基本は文字通り「風」と「水」にある。このふたつの扱いが、個人宅から国までの命運を定める。そして残念ながら、東京は風と水の扱いとその影響を軽んじた。

二〇一二年には、東京スカイツリーが開業した。今ではこのタワーこそが、東京を代表していると見ていいだろう。

スカイツリーが東京タワーを意識しているのは確実だ。

まず、東京タワーの高さ三百三十三メートルに対して、スカイツリーは地下まで合わせると六百六十六メートル。そして東京タワーを基点にした場合、スカイツリーは皇居の東を通る形で、ほぼ正確に鬼門に位置する。

これが何を意味するのか、生憎、私にはわからない。けれども、スカイツリーが初めて明かりをつけたとき、皆が異口同音に言った言葉は憶えている。

「鈍い」「ぼんやりしている」「パッとしない」。

東京タワーの角張った形と赤という色に対して、スカイツリーは丸くて白い。また、聞いた話では、東京タワーとスカイツリーを同じ高さに揃えたとき、東京タワーのほうが高く見えるという。

そう。つまり、スカイツリーには鋭さがないのだ。

東京タワーができたとき、日本は経済成長のまっただ中で、皆が上を目指す勢いがあった。それに疲れてしまったのか。東京タワーの鬼門を押さえた新たな塔は、よく言えば癒やされ、和める建築物となった。

悪く言えば、鈍く、ぼんやりしてパッとしない、だ。

それが東京のシンボル──否、首都のシンボルは日本のシンボルでもあるのだから、このスカイツリーに感じる気風が日本の象徴になったのだ。

もうひとつ決定的だったのが、東日本大震災だ。

未曾有の震災により、日本の地形は変化した。たとえば、能登半島は地震前後で最大六メートルも動いたという。

私はこれまで地図上に多くの幾何学図形を見出してきたが、たとえば正三角形の一点がずれれば、繋ぐ三点に意味はなくなる。そういうことが地震によって、国土単位で起きたのだ。

言い換えれば、正確だった結界が崩れて、日本は厄介な意味でのバリアフリーとなってしまったのだ。

無論、過去にも震災はあったし、数センチのずれなら問題なかろう。だが、一方でゆゆしき事態に陥った場所もあると思う。

とはいえ、撓《たわ》められた木が戻るごとくに、そのうち地形はゆっくりと元に戻ると信じている。だが、それは何十年ものちの話だ。土台がぐらぐらになっている今、重ねて災害が起こったら、その可能性は低くなる。

――これらのことを今まで記さなかったのは、機会がなかったということ以上に、自分の解釈が妥当かどうか測っていたというのが正しい。

風水の影響は、建物も山河も物質的に大きいほど強くなる。しかし、都市や国という、もっと規模の大きなものに影響が出るのは、数年から数十年掛かるのだ。

ゆえに、右に挙げたものの影響は「今」ではなく、もっと先に出るかもしれない。あるいは杞憂に終わるかもしれない。

日本の現状を見渡して、みなさんはどう感じるだろうか……。

最後にひとつ、文字通り明るい話をしたい。

本年、東京スカイツリーのライトアップが照度を増した。予定されていたオリンピックに合わせてのことと推測するが、夜間の照明がはっきりした。色の変化にもメリハリがついた。見ていても、きれいだなと素直に思える。

きっと吉《よ》いことに違いない。

私は東京が好きだから、日本ももちろん好きだから、この輝きに期待をかけて「未来は明るい」と言っておこう。

二〇二〇年　七月吉日

加門七海

大《おお》江《え》戸《ど》魔《ま》方陣《ほうじん》
徳川三百年《とくがわさんびゃくねん》を護《まも》った風水《ふうすい》の謎《なぞ》

朝日文庫

2020年8月30日　第1刷発行

著　者　加《か》門《もん》七《なな》海《み》

発行者　三宮博信
発行所　朝日新聞出版
〒104-8011　東京都中央区築地5-3-2
電話　03-5541-8832(編集)
03-5540-7793(販売)
印刷製本　大日本印刷株式会社

Published in Japan by Asahi Shimbun Publications Inc.
定価はカバーに表示してあります

ISBN978-4-02-262022-4
落丁・乱丁の場合は弊社業務部(電話 03-5540-7800)へご連絡ください。
送料弊社負担にてお取り替えいたします。

山野 勝
大江戸坂道探訪
東京の坂にひそむ歴史の謎と不思議に迫る

東京の坂の成り立ちといわれ、周辺の名所や旧跡などを紹介した坂道ガイド。有名な坂から知られざる坂まで一〇〇本を紹介。《解説・タモリ》

伊東 潤
江戸を造った男

海運航路整備、治水、灌漑、鉱山採掘……江戸の都市計画・日本大改造の総指揮者、河村瑞賢の波瀾万丈の生涯を描く長編時代小説。《解説・飯田泰之》

小林 信彦
名人
志ん生、そして志ん朝

稀代の落語家、古今亭志ん生と志ん朝。この父子二代の軌跡を独自の視点で活写する極上の人物論。志ん朝と著者の絶妙対談も再録。《解説・森 卓也》

内田 樹／小田嶋 隆／平川 克美
街場の五輪論

新国立競技場建設見直し、膨れ上がる費用問題……。「開催万歳！」の同調圧力に屈せず、成長戦略としての東京五輪に異論を唱える痛快鼎談。

車谷 長吉
人生の救い
車谷長吉の人生相談

「破綻してはじめて人生が始まるのです」。身の上相談の投稿に著者は独特の回答を突きつける。凄絶苛烈、唯一無二の車谷文学《ワールド》！《解説・万城目学》

伊藤 比呂美
読み解き「般若心経」

死に逝く母、残される父の孤独、看取る娘の苦悩。苦しみの生活から向かうお経には、心を支える言葉が満ちている。《解説・山折哲雄》

朝日文庫

池澤 夏樹
終わりと始まり
いまここを見て、未来の手がかりをつかむ。沖縄、水俣、原子力、イラク戦争の問題を長年問い続けた作家による名コラム。《解説・田中優子》

清水 良典
増補版 村上春樹はくせになる
何度も現れる「闇の力」は何を意味する？ 主要作品の謎とつながりを読み解く。デビューから『多崎つくる～』まで、主要なハルキ作品を網羅。

ドナルド・キーン
二つの母国に生きて
来日経緯、桜や音など日本文化考から、戦争犯罪、三島や谷崎との交流まで豊かに綴る。知性と温かい人柄のにじみ出た傑作随筆集。《解説・松浦寿輝》

ドナルド・キーン
日本人の質問
著者が受けた定番の質問から日本人の精神構造や文化を考える表題作ほか、ユーモアたっぷりに綴られる日本文化についての名エッセイ集。

ドナルド・キーン 金関 寿夫訳
私の日本研究の道
このひとすじにつながりて
京での生活に雅を感じ、三島由紀夫ら文豪と交流した若き日の記憶。米軍通訳士官から日本研究者に至るまでの自叙伝決定版。《解説・キーン誠己》

瀬戸内 寂聴
老いを照らす
美しく老い、美しく死ぬために、人はどう生きればよいのか。聞くだけで心がすっと軽くなる寂聴尼の法話・講演傑作選。《解説・井上荒野》